KB218605

기독교
사용 설명서
11

가정예배

세움북스는 기독교 가치관으로 교회와 성도를 건강하게 세우는 바른 책을 만들어 갑니다.

기독교 사용 설명서 11

가정예배

초판 1쇄 인쇄 2021년 12월 25일
초판 1쇄 발행 2021년 12월 30일

지은이 l 한재술
펴낸이 l 강인구
펴낸곳 l 세움북스

등 록 l 제2014-000144호
주 소 l 서울시 서대문구 연희로 160 연희회관 3층 302호
전 화 l 02-3144-3500
팩 스 l 02-6008-5712
이메일 l cdgn@daum.net

교 정 l 이윤경
디자인 l 참디자인

ISBN 979-11-91715-31-6 (03230)
 SET 979-11-91715-20-0 (03230)

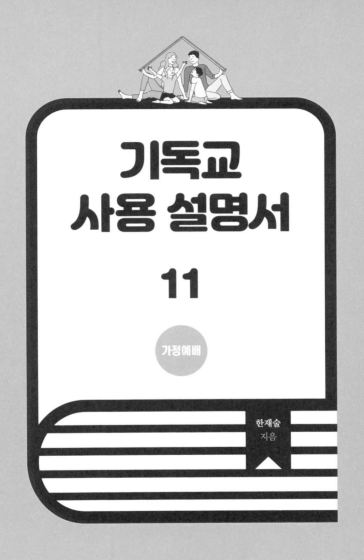

기독교
사용 설명서

11

가정예배

한재술
지음

세움북스

일러두기
이 책의 많은 내용은 『가정예배』(그 책의 사람들 출간)에 바탕을 두고 있습니다. 기독교보에 연재하기 위해 재구성하고, 보완한 내용을 이번에 단행본으로 출간하기 위해 다시 약간 수정했습니다.

목차

독일의 개혁자 마틴 루터가 비텐베르크 성곽교회 문에 면벌부를 반박하는 95개조 대자보를 내 붙인 지 500년을 훌쩍 지나 몇 년이 더 흘러가고 있습니다. 종교개혁은 제도적인 개혁, 도덕적인 개혁에 불과한 것이 아니었습니다. 종교개혁은 예배의 개혁이면서 동시에 교리와 삶의 총체적인 개혁이었습니다. 이 종교개혁이 거대한 로마교회체제와 성도들의 신앙생활을 흔들어 놓았습니다. 하나님을 참되게 예배하기 시작하면서 교인들은 두려움이 아니라 기쁨과 감사 가운데 살아가기 시작했습니다. 그 개혁의 불꽃이 교회만이 아니라 유럽 사회 전체를 새롭게 했습니다. 과연 우리 한국개신교회는 개혁의 그 아름다운 모습을 얼마나 누리고 있을까요?

종교개혁 500주년을 맞아 종교개혁이 교회의 몇몇 악습을 제거한 것이 아니라 총체적인 개혁이었음을 드러내기 위해 『종교개혁자들과의 대화』(SFC출판부) 12권 시리즈를 발간한 바 있습니다. 그 시리즈를 통해 종교개혁이 예배, 교회, 역사, 교육, 가정, 정치, 경제, 문화, 학문, 교리, 과학, 선교를 어떻게 변화시켰는지 살펴 보았습니다. 우리 청소년들이 어떤 영역에서 일하든 하나님의 사람으로 살아갈 수 있다는 것을 보여주려고 했습니다. 이 종교개혁 500주년의 후속 작업이 바로 본 시리즈 『기독교 사용 설명서』입니다. 본 시리즈는 우리 기독교의 근본을 재확인하고, 다시금 개혁의 정신을 되살려 오직 하나님의 영광을 위해 살아가고자 하는 마음으로 기획했습니다.

본 시리즈에서는 기독교를 총 4부로 나누어서 설명합니다. 제1부는 종교개혁, 교회정치, 교회직분입니다. 우리는 종교개혁의 역사를 통해 교회정치와 직분이 어떻게 새로워졌는지를 잘 알아야 합니다. 제2부는 사도신경, 십계명, 주기도문입니다. 개혁자들은 교리문답을 만들었는데 그 교리문답들의 대부분은 이 세 가지를 해설하면서 기독교신앙의 요체를 드러내었습니다. 사도신경은 우리가 믿고 있는 삼위일체 하나님을 고백하는 것이고, 십계명과 주기도문은 우리가 어떻게 감사의 삶을 살아야 하는지를 잘 보여주고 있습니다. 제3부는 공예배, 교회예식, 교회력입니다. 교회는 예배를 위해 부름받았고, 각종 예식을 통해 풍성함을 누리고 교회력을 통해 이 세상에서 그리스도를 누리면서 새로운 시간을 살아갑니다. 마지막 제4부는 혼인, 가정예배, 신자의 생활입니다. 우리는 하나님이 처음부터 제정하신 제도인 혼인을 통해 언약가정을 이루고 가정에서 예배하면서 기독교인으로서 이 세상을 살아갑니다.

그동안 덮어놓고 믿었던 것이 교회의 쇠퇴와 신앙의 배도에까지 이르고 있습니다. 코로나시대에 함께 모여 예배하고 교제하는 것이 힘들어졌지만 기독교신앙에 대해 치열하게 학습할 수 있는 절호의 기회입니다. 우리가 무엇을 믿는지, 어떻게 살아야 하는지 근본에서부터 잘 학습해야 하겠습니다. 각 세 권씩으로 구성된 총 4부의 『기독교 사용 설명서』를 통해 우리 기독교와 교회의 자태를 확인하고 누릴 수 있기를 바랍니다. 12권 시리즈로 기획했기에 매월 한 권씩 함께 읽으면서 공부하고 토론하기에 좋을 것입니다. 기존 신자들 뿐만 아니라 자라나는 우리 청소년과 청년들이 이 시리즈를 통해 기독교의 요체를 확인하고 믿음의 사람들로 든든히 서서 교회를 잘 세우면서 이 세상에서 담대하게 살아갈 수 있기를 바랍니다. 교회를 세우기 위해 가르치면서 해당 주제를 잘 집필해 주신 집필자들의 수고에 감사를 드리고, 이 시리즈 기획을 흔쾌히 받아 출간하는 세움북스 강인구대표께 진심으로 감사를 드립니다.

2021년 11월
개혁교회건설연구소

가정예배의 목적과 유익

저는 수원 광교장로교회에서 신앙생활하고 있는 한재술이라고 합니다. 결혼 전부터 부모님과 함께 가정예배를 드렸고, 결혼 이후 지금까지 아내와 네 아이와 함께 가정예배를 드리고 있습니다. 가정예배를 통해 누려온 은혜와 복, 감사가 많은데요, 그래서 여러분과 함께 나누고 싶습니다. 또 가정예배에 대한 부담과 어려움을 같이 고민하고 대안을 만들어가길 원합니다. 또 함께 배우고 함께 자라가길 소망합니다.

먼저 가정예배를 드리고 있는 모든 가정에 응원과 존경의 박수를 보내드립니다. 꾸준히 드리시든 간헐적으로 드리시든, 매일 드리시든 일주일에 한두 번 드리시든 정말 잘하고 계십니다. 드려보다가 몇몇 어려움 때문에 중단했지만 언제든 다시 가정예배를 드리고픈 마음을 가지신 분들께도 응원의 박수를 보내드립니다. 막연한 두려움 때문에 아직 시작해본 적은 없지만 가정예배에 대한 경건한 부담을 가지신 모든 가정에도 역시 응원의 박수를 보냅니다.

하지만 가정예배에 전혀 무관심하거나, 가정예배를 등한시하는 그리스도인들이 있습니다. 그분들께 간절히 호소합니다. 왜냐하면 하나님께서 가정예배를 기뻐하시기 때문입니다. 하나님께서 가정예배에 관해 말씀하시기 때문입니다. 이를 명령하시기 때문입니다.

그리스도인은 삼위 하나님을 예배하는 일을 가장 큰 행복으로 여깁니다. 하나님께서 영광 받으시는 것이 그리스도인의 모든 것이기 때문입니다. 그리고 신자 개인의 최고 목적이 하나님을 예배함에 있는 것처럼, 신자 가정의 최고 목적도 하나님을 예배함에 있기 때문입니다. 그래서 저는 가정예배가 그리스도인 가정생활의 꽃이자 열매요, 최고 목적이라고 생각합니다. 경건한 신자일수록 가정예배를 사모하고, 또 꾸준히 가정예배를 드리는 것이 바로 이 때문입니다.

하나님께서 가정예배를 우리에게 은혜와 복을 주시는 주

요한 수단으로 삼으시기 때문에도 우리는 가정에서도 예배하고 싶어 하고, 예배해야 합니다.

하지만 경건한 신자라고 해서 가정예배를 꾸준히 드리는 것이 쉬운 일은 아닙니다. 우리 선조들의 시대와는 달리 현대에는 동서고금 제일의 핑계인, "시간이 없다"라는 말이 합당한 변명이 되기도 합니다. 특히 한국에 사는 사람들에게는 더욱더 그렇습니다. 많은 사람이 생계를 위해서 새벽 일찍 나가 밤늦게 집에 돌아옵니다. 또 중고생 자녀들은 입시 때문에 반강제적으로 부모와 대부분의 시간을 떨어져 살아갑니다.

그런데도 사랑하는 가족을 위해 기도하며, 가정에서의 경건생활을 위해 노력하시는 분들께 같은 동료로서 마음을 담은 응원의 말씀을 드리고 싶습니다.

"어떻게 가정예배를 드려야 할까?", "어떻게 해야 가정예배를 잘 드릴 수 있을까?" 이런 고민을 하시는 것 자체가 정말 귀합니다. 혹 여러 번 실패하셨습니까? 마음대로, 생각대로 되지 않아 지쳤거나 당황스러우셨습니까? 네, 그것이 당연합니다. 그런 실패의 경험 자체도 너무나 귀합니다. 그 노력에 다른 동료 그리스도인분들과 더불어 저도 박수를 보내드립니다. 생각한 대로 되지 않는 것은 어떤 의미에서 너무나 자연스러운 일입니다. 속상해할 필요 없습니다. 가정예배에 대해 고민하시는 분들, 힘겹게 시작하신 분들, 몇 번의 실패의 경험을 지닌 모든 분께 다시 한번 잘하셨다고, 잘하고 계시다고 말씀드립니다.

이제 본격적으로 가정예배를 드리는 몇 가지 방법과, 가정예배를 드릴 때 겪는 어려움들을 연속적으로 함께 살펴보려고 합니다. 그럼으로써 우리의 가정예배가 더 큰 기쁨이 되고, 우리 앞에 놓여 있는 어려움들이 기쁘고 감당할 만한 짐으로, 거룩한 부담으로 변해 가길 소망합니다.

제1장
가정예배, 어떻게 해야 할까요?

제1장
가정예배, 어떻게 해야 할까요?

방법이나 형식보다 중요한 것은 진실한 마음입니다

부모는 가정예배를 인도하는 데 적지 않은 어려움을 가집니다. 가정예배를 생각하기만 해도 많은 부담을 느낍니다. 그런 분들의 염려를 조금이나마 덜어드릴 수 있는 말씀을 드리겠습니다. 우리는 설교를 해야 하는 것이 아닙니다! 그럴 수도 없고, 그럴 필요도 없습니다.

다만 우리가 교회에서 배우고 깨달은 대로 우리 자녀들에게 신앙과 성경을 가르치면 됩니다. 형식과 방법이 어떠하든, 내용이 얼마나 짜임새 있든 그것은 그렇게 중요한 것이 아닙니다. 가르치되 우리의 삶으로 보여주면 됩니다. 이

것이 가정예배의 가장 큰 특징이라고 생각합니다.

우리는 자녀들에게 가정예배의 신학적 근거를 설명할 필요가 없습니다. 우리가 하나님을 사랑하고 있다는 것을, 우리가 교회에서 배운 가르침에 순종하고 있다는 것을, 우리가 성경을 근거로 세상을 보고 있다는 것을, 우리가 성경만을 우리의 기준으로 삼고 있다는 것을, 우리가 그리스도만을 전적으로 의지하고 있다는 것을, 그렇게 우리의 신앙과 삶이 일치하고 일치되도록 노력하고 있다는 것을 보여주면 됩니다.

그런 뜻에서 우리의 넘어짐도, 우리의 회개도 자녀들에게는 꼭 필요합니다. 우리가 어떻게 넘어졌는지, 그 가운데서 우리가 어떻게 그리스도께로 다시 인도함 받게 되었는지도 우리 자녀들에게 의미가 됩니다. 우리가 무엇을 어떻게 회개하는지도 우리 자녀들에게 신앙과 삶의 일치로 다가갑니다.

하나님께서는 우리에게 잘하라고 하시지 않습니다. 진실하게 하라고 하십니다. 가족 구성원들의 영혼과 경건함을 위해 우리가 해야 하고, 할 수 있는 일을 진실하게 행할 때 배우자와 자녀들은 우리의 미숙함과 죄를 보지 않고 우리와 똑같이 삼위 하나님을 보게 될 것입니다. 하나님의 은혜를 바라고 도우심을 구하게 될 것입니다.

어떤 면에서는, 진실한 마음이 있다고 해서 가정예배를 드리기가 쉬운 것이 아님을 압니다. 적절한 방법과 형식을 잘 몰라서 어려움을 겪는 분들도 많습니다. 다양하고 특징 있는 여러 방법을 앞으로 함께 나누길 원하는데, 그 전에 제 얘기를 먼저 하겠습니다.

저희 가정의 경우, 현재 일주일에 이틀은 주일 설교본문을 중심으로 가정예배를 드립니다. 토요일 오후쯤 교회에서 주일 설교본문을 알려주면 저녁 가정예배 시간 때 설교 본문을 함께 읽고 얘기를 나눕니다. 다음 날 하나님께서 어떤 말씀을 하실지 생각해보고, 특별히 기억해야 할 구절을 각자 이야기하며 그 이유도 나눕니다. 주일에는 설교를 잘 듣고 나서 저녁에, 늦어도 월요일 저녁에는 주일 설교본문을 다시 읽습니다. 그리고 설교 말씀을 기억하면서 서로 깨달은 것과 배운 것, 느끼고 마음먹은 것을 함께 나누고 기도합니다. 이렇게 하는 일이 가정을 교회의 가르침과 깊이 연결해주기에 여러분에게 적극적으로 추천해드립니다.

나머지 다른 요일에는 주로 웨스트민스터 소교리문답을

제1장 가정예배, 어떻게 해야 할까요?

함께 배우고 나눕니다. 자녀들에게 내용을 풀어서 설명해주면 아이들은 이해가 어려운 내용을 질문합니다. 하루 이틀 설명하고 질문하고 다시 답하는 과정을 거친 후에 짧게는 하루, 길게는 이삼일에 걸쳐 해당 교리문답을 암송합니다.

찬양하고, 기도하고, 다른 형식을 취할 수도 있지만, 중요한 것은 우리가 할 수 있는 것을 하면 된다는 것입니다. 그리고 꾸준히, 그것이 날마다든, 매 토요일이든, 매 주일이든, 주말마다든 꾸준히 하는 것입니다. 우리가 꾸준히 시간을 지키면, 나중에는 그 시간이 우리 가정을 지켜줄 때가 있을 것입니다. 방법이나 형식은 어떤 의미에서는 하나도 중요하지 않습니다. 물론 꾸준히 지키다 보면 방법과 형식은 점점 자연스러워지고 확장됩니다. 아무튼 중요한 것은 꾸준히, 꾸준히 하나님을 가정에서도 예배하는 것입니다.

시간 만들기, 시간 지켜나가기

가정예배를 실제 드리는 것은 아직 한 번도 하지 않은 가정이나, 어느 정도 꾸준히 드리고 있는 가정이나 쉬운 일이 아닙니다. 가장 근본적인 원인은 우리가 죄인이기 때문입니다. 우리는 본성적으로 하나님을 찾고 예배하는 것을 싫어합니다. 거듭난 그리스도인조차도 교만, 게으름, 영적 무관심 등과 같은 죄와 계속 싸워야 합니다.

이런 영적인 원인 말고도 다른 여러 이유가 있습니다. 육체적인 고단함, 미숙한 인도, 성격, 부족한 지식, 시간 맞추기, 장소, 환경 등 인적, 물질적, 심리적 요인들도 많습니다. 그래서 가장 먼저 해야 할 일은 우리가 정말 어려워하는 이유가 무엇인지를 진지하게 생각해보고 정리하는 것입니다. 먼저 시간에 관하여 여러분과 함께 생각해보려 합니다.

우리는 현대 한국 사회에서 살고 있습니다. 이 말은 온 가족이 한자리에 모이기가 매우 어렵다는 말입니다. 특히 자녀가 중고등학생이면 더욱 그렇습니다.

그래서 이 글을 읽는 성도분들의 자녀가 아직 어리다면, 그나마 시간 여유가 있는 때인 지금 될 수 있는 대로 날마다 가정예배를 드리길 바랍니다. 부모 중 한 명은 야근을 자주 할 수도 있겠지만, 나머지 가족은 매일 정해진 시간에 짧은 시간이라도 함께 모이는 것이 중요합니다. 아이들에게 이 시기가 무척 중요한데, 가정예배가 일상이 되도록 할 수 있기 때문입니다. 시간을 정하여 꾸준히 지켜나가면, 우리 자녀들은 이 시간을 자신들의 시간표에 자연스럽게 넣을 것입

제1장 가정예배, 어떻게 해야 할까요?

니다. 밥 먹는 시간처럼 말입니다.

매일 모이기가 어려운 가정은 토요일 또는 주일마다 모이면 됩니다. 평일에는 각자 경건의 시간을 가지고, 주일에는 다 같이 모여 20~30분 정도 함께 예배하는 것입니다. 매일 함께 모이는 것은 아니지만 이렇게 하기만 해도 매우 잘하는 것이라고 생각합니다. 네, 충분합니다. 날마다든 주일마다든 시간을 정하여 꾸준히 지켜나가면, 자녀들이 중고등학생이 되어서나 다른 이유로 모이기가 어려울 때도 함께 예배한 것을 행복 속에서 기억하고 그리워하며 모이기에 더욱 힘쓰고자 할 것입니다.

그런데 우리는 시간을 만드는 일에 막연한 어려움을 느낍니다. 이것도 하고 저것도 해야 하는데 언제 시간을 내 모인단 말인가요? 너무 막연할 때는 매일 반드시 반복되는 일상 중 하나에 가정예배 시간을 붙여넣으면 됩니다.

제가 아는 어떤 가정은 저녁 식사를 마치자마자 그릇만 치우고 바로 예배를 드립니다. 설거지는 나중입니다. 가정예배보다 설거지가 중요하지 않습니다. 설거지는 나중에 해도 되지만, 가정예배는 미룰 수 없는 것입니다.

어떤 가정은 8시가 되면 하던 모든 일을 중지하고 모이니다. 이 가정은 무조건 8시만 되면 모이기 때문에 이 가족의 지인들은 8시에서 8시 30분 사이에는 연락하지 않습니다.

처음만 어렵지 습관이 되면 자연스러워집니다.

마음이 있는 사람은 시간이 없어도 시간을 찾아냅니다. 좋아하는 일을 위해 시간을 만들어내는 것은 우리 모두가 가진 탁월한 능력입니다. 우리는 우리가 좋아하는 일일수록 그 일에 돈과 시간을 매우 자연스럽게, 아낌없이 씁니다. 우리가 좋아하는 영상을 어떻게 꾸준히 보는지, 우리가 취미 생활을 어떻게 지속해서 하는지 생각해봅시다. 가정예배도 그렇게 할 수 있습니다.

마지막으로 우리 자신에게 정직하게 물어봅시다. 우리에게 시간이 없는 것일까요, 아니면 우리에게 마음이 없는 것일까요? 시간이 없다면 앞서 함께 나눈 방법들, 또 다른 여러 방법을 이용해 시간을 지켜나가길 원합니다. 만약 우리에게 마음이 없다면, 먼저 마음을 달라고 하나님께 기도합시다. 하나님을 가정에서도 가장 사랑하는 사람들과 함께 예배하고 싶다고 가정예배를 통해 하나님을 더 사랑하게 해 달라고, 하나님을 더 알게 해 달라고 간구합시다.

각 가정에 맞게 다양한 시간에 다양한 방법으로 가정예배를 드릴 수 있습니다. 하지만 말씀과 기도와 찬양은 기본입니다. 왜냐면 말씀과 기도와 찬양은 예배의 핵심 요소이기 때문입니다. 또한, 그리스도인이 모이는 모든 모임의 핵심 요소이기도 하기 때문입니다.

처음 가정예배를 시작하거나, 가정예배를 시작했지만 아직 부담을 느끼는 때는 짧게 하는 것이 좋습니다. 짧게는 5분에서 길게는 15분 정도가 좋아 보입니다. 자녀가 자라면서 질문도 많아지고, 가정예배가 자연스러워지면 시간도 자연스레 늘어나게 됩니다.

저희도 결혼하고 첫아이가 태어나기 전까지는 15~25분, 첫아이가 태어나고 한동안은 5~15분 정도 모임을 했고, 지금은 다시 20~30분 정도 모임을 합니다. 첫째와 둘째 아이의 질문이 많아질 때면 40분 이상 모임을 하기도 하는데, 그럴 때는 반갑기도 하지만 몸을 배배 꼬고 '우다다다' 뛰며 돌아다니는 셋째와 넷째 아이를 보면 미안하기도 합니다. 가족 구성원 모두를 만족시키는 것은 정말 쉬운 일이 아닙니다.

아이들이 어리면 15분 이상 집중하기가 힘듭니다. 가정예배가 중요하니 자리와 시간을 지켜야 한다고 아이들에게 과한 부담을 지우게 되면 우리 자녀들은, 또는 아직 믿음이 연약한 다른 가족 구성원들은 곧 지치고 말 것입니다. 물리적인 지침은 곧 영적 지침으로 이어지고 더 나아가 신앙에서도 멀어질 수 있습니다.

반드시 그런 것은 아니지만 한 순서가 너무 길어지면(찬양을 여러 곡 연속해서 부르는 등) 다른 순서가 상대적으로 적은 가치를 지니는 것처럼 보이기도 합니다. 또 너무 많은 순서가 들어 있으면 마음이 집중이 되지 않을 때도 있습니다. 정해진 시간 안에 모든 것을 다 넣는 것이나, 어느 한 순서만으로 시간 대부분을 보내는 것은 꼭 필요한 경우가 아니면 피하는 것이 좋습니다.

짧고 간결하게 한다고 해서 충분하지 않은 것도 아니고, 긴 시간을 할애한다고 해서 아주 풍성한 것만도 아닙니다. 꼭 필요하지 않은 이야기나 순서로 지루하게 하기보다는 간결한 것이 좋습니다. 어린아이들이나 믿음이 연약한 다른 가족 구성원이 감당하기에 어려운 내용과 부담되는 시간으로 오래 하기보다는 믿음이 연약한 사람들을 충분히 배려한 내용과 시간으로 짧게 하는 것이 훨씬 더 좋습니다.

시간이나 순서 자체가 너무 부담되지 않게 해야 지치지 않고 오래갈 수 있습니다. 가족 구성원들의 영적 수준 등을 배려하면 모두가 감당할 만한 시간을 보낼 수 있습니다. 그렇게 시간이 흐르면 주일에 하나님을 예배하는 것이 자연스럽고, 또 그날을 그 시간을 기다리는 것처럼 가정예배에 대한 우리의 마음과 태도도 그렇게 됩니다. 곧 자연스럽게, 감사하게 됩니다.

저희 집은 주로 저녁 시간에 모입니다. 저녁 식사 후, 8시에서 8시 반 사이에 가정예배 모임을 시작합니다. 이 시간을 지키려고 때로는 설거지를 밤늦게 하거나 다음 날 할 때도 있습니다. 어쨌든 이렇게 시간을 지키려고 하니 아이들이 이 시간을 압니다.

첫째, 둘째 아이가 어렸을 때는 저희 부부가 각자 할 일 때문에 예배 모임 시간이 평소보다 조금 늦어지게 되면 기다리다 지쳐 성경책을 베고 잘 정도로 아이들이 시간을 잘 알고 있었습니다. 자기들이 먼저 성경책을 꺼내놓고 예배드리자며 저와 아내를 부르는 날도 많았습니다. 가끔은 예배가 끝난 후에 자기들끼리 예배 놀이를 하기도 했습니다.

자기들이 보는 이야기책을 꺼내서 맨 첫 페이지를 펴 놓고는 사도신경이라고 말하면서 중얼거렸습니다. 방금 예배드렸지 않냐고 물으면 또 예배한답니다.

첫째와 둘째 아이가 큰 지금, 셋째와 넷째가 첫째와 둘째만큼 얌전하거나 예배에 집중할 때가 상대적으로 많지는 않아서 조금 속상하기는 합니다. 하지만 셋째 아이와 막내는 큰아이들을 보며 계속해서 배우고 있습니다.

아이들에게 8시는 온 가족이 모여 하나님의 말씀을 읽고 들으며, 하나님께 죄를 회개하고 하나님의 영광과 우리의 필요를 구하며, 하나님의 일하심을 찬양하는 자연스러운 시간입니다. 아직 어린 두 아이에게는 힘든 시간이기도 하지만 온 가족이 모여 함께 예배한다는 것을 아는 것은 분명합니다.

아마 가정예배를 드리고 있는 가정 대부분이 찬양과 말씀과 기도 순서로 모임을 하고 있을 것입니다. 가정예배를 꿈꾸는 가정 대부분도 찬양과 말씀과 기도로 구성된 예배 모습을 그리고 있으리라 생각합니다.

네, 그렇게 하시면 됩니다!

- 찬양

- 말씀 나눔 (또는 교리문답)

- 찬양과 감사

- 기도(주기도문)

이것이 일반적인 순서일 것인데, 찬양을 한 번만 하느냐, 몇 곡을 부르느냐, 어떤 곡을 부르느냐 등의 차이 정도만 있을 것입니다. 맨 앞에 사도신경을 할 수도 있겠습니다. 정말 말 그대로 각 가정의 상황과 여건에 따라 하면 됩니다. 하나님께서 요구하시는 것은 하나님을 찾는 마음, 예배하고자 하는 마음입니다. 그 마음에 따라 자연스럽게 구성되는 순서로 하나님을 예배하면 됩니다.

저희는 사도신경을 함께 고백한 후에 첫 찬양으로는 성경책 앞부분의 '송영' 중 한 곡을 가장 먼저 부릅니다. 이후 한두 곡 정도 그날 주제와 관련된 곡이나, 아이들이 부르고 싶어 하는 곡으로 찬양합니다.

가정마다 자신만의 순서나 방법을 찾아가는 데 몇 년이 걸릴 수 있습니다. 저희도 수년간 이런저런 방법으로 해보다가 지금의 모습으로 자리 잡혔습니다. 그러니 순서나 방법과 관련하여 어려움을 겪는 분들은 조금만 더 힘을 내기 바랍니다.

가정마다 자신만의 순서나 방법이 자리 잡히면 아이들은 그 안에서 여러 가지를 배웁니다. 바쁘고 피곤한 날 순서를 간략히 하려고 하면 아이들이 그러면 안 된다고 강력하게 항의합니다. 부끄럽기도 하고 고맙기도 합니다. 아이들에게 가르쳐줬지만, 아이들을 통해 배우는 날이 점점 더 많아집니다.

셋째 아이가 사도신경과 주기도문을 외운 것은 가정예배 때마다 사도신경으로 신앙을 고백하고, 주기도문으로 기도를 하기 때문입니다. 가끔 예배하지 못할 때가 있으니 1년에 330일 정도 예배하는 것으로 계산하면 적어도 1천 번은 넘게 가정과 교회에서 사도신경과 주기도문을 들은 것이니 외우고 따라 하는 것이 자연스러운 것 같습니다.

최근에는 막내인 세 살짜리 딸아이가 바로 위 여섯 살짜리 오빠의 기도를 거의 그대로 따라 합니다. 아마 자기 수준과 가장 가깝고, 오빠의 기도 내용이 대부분 자기가 아는 단어로 구성돼 있어서 그런 것 같습니다. 실제로 셋째 아이도 누나의 기도를 통해 기도를 배우고 있고, 둘째도 언니와 저희를 통해 기도를 배우고 있습니다.

내용과 형식이 잘 구성된 책의 도움을 받는 것도 좋은 방법입니다. 일반적인 가정예배서는 별로 추천해 드리고 싶지 않은데, 그런 책들은 성경본문을 충분한 이해 없이 피상적으로 다루거나 세속적으로 해설하는 경우가 많기 때문입니다.

이미 많이 아는 분들도 있을 것 같습니다. 임경근 목사님이 지으신 『교리와 함께 하는 365 가정예배』(세움북스)는 하이델베르크 교리문답을 기초로 해설과 찬송, 질문까지 짜임새 있게 구성된 책입니다. 쉽고 간결하여 가정예배를 처음 시작하는 가정이나, 오랜 시간 가정예배를 지켜온 가정 모두에게 유익합니다. 이런 책의 도움을 받으면 부담이 많이 줄어들 것입니다.

요일별 방법

토요일

다음 날인 주일에 설교되는 본문을 미리 알 수 있다면 그 본문을 여러 번 읽고 주일에 하나님께서 어떤 말씀을 하실

지 기대하며 가족끼리 함께 나누면 매우 좋습니다. 가장은 될 수 있는 대로 잠시라도 시간을 내어 본문에 관해 공부한 후 가족에게 간단히 알려주도록 합니다. 이렇게 하면 우리는 주일에 훨씬 집중하며 설교를 듣게 됩니다. 가정예배(경건회)가 자연스럽게 교회를 더욱 건강하게 하고 살찌우게 하는 것을 보게 됩니다. 물론 이전 주일 설교를 기억하여 잠깐 나누는 것도 매우 유익합니다.

그러나 주일 설교본문을 전날 미리 알려주는 교회가 많지 않은 것으로 알고 있습니다. 이 글을 읽는 분들이 교회가 SNS나 문자메시지 등으로 토요일에 설교본문을 미리 알려줄 수 있도록 요청해주시고 가정예배와 교회 설교가 자연스럽게 이어지는 흐름을 함께 만들어가주시면 좋겠습니다.

주일

독자 여러분도 한두 번은 들어보셨을 것 같습니다. 몇몇 조사에 따르면, 예배가 끝나자마자 설교 제목과 본문을 잊는 사람들이 상당수며, 교회를 떠나 집으로 가는 길에 70% 이상의 사람들이 설교본문과 내용을 잊는다고 합니다.

그래서 몇몇 가정은 설교를 잊지 않고 오래 기억하기 위해, 또 실천하며 살아가고자 하는 마음으로 집에 가는 길에 또는 집에 도착해서 몇 시간 이내에 설교본문과 내용을 서로 나눕니다. 실제로 이런 작은 나눔은 주일 설교를 오래도록 기억하게 해주고, 깨닫고 배운 말씀을 따라 순종하며 살아가게끔 돕습니다.

이처럼 토요일과 주일에 드리는 가정예배를 주일 설교본문과 연계하게 되면 가장의 부담도 줄어들고 교회와 가정이 건강하게 연합되는 등 많은 유익을 누릴 수 있게 됩니다.

평일

가정 형편상 토요일이나 주일에만 가정예배를 드릴 수 있는 가정은 먼저 부담을 내려놓으시라는 말씀을 드립니다. 평일에 이전 주일 설교본문을 매일 읽고, 설교 말씀을 생각하면서 그 말씀대로 살아가고 있는지 함께 나누면 됩니다. 기회나 여건이 되면 본문의 전후문맥도 함께 보거나, 다른 참고자료를 찾아보면서 이해의 깊이를 더해가면 더 좋습니다.

평일에 어느 정도의 시간을 낼 수 있는 가정도 설교본문을 매일 읽고 나누는 방법을 조금 더 풍성히 가지면 역시 좋습니다. 하지만 따로 성경을 차례대로 매일 1장씩 읽으며 간단히 정리한다거나, 교리문답을 공부한다거나 하는 계획을 세워 진행하셔도 좋습니다.

평일 가정예배(경건회)에서 제일 중요한 것은 어떻게 보면 부담이 안 되게 하는 것이라고 생각합니다. 토요일과 주일에 집중해서 힘을 쏟아 가정예배를 드리되, 평일에는 최대한 부담이 안 되는 선에서 지속해서 함께할 수 있는 것을 해나가는 것이 좋다고 생각합니다.

예를 들어, 어린 자녀가 있는 가정은 찬송곡을 매일 바꾸지 말고 일주일에 한두 곡만을 계속 불러서 익히는 것이 좋습니다. 매일 새로운 곡을 부르면 아이들이 힘들어할 수 있습니다. 언제 시편 찬송의 찬송을, 언제 찬송가의 곡을 다 배우나 싶지만 5년, 10년 안에 다 배울 수 있습니다. 저희 가정은 평일에 웨스트민스터 소교리문답을 일주일에 하나에서 두 개 문답 정도 배우고 암송합니다. 교리문답도 매일 새로운 것을 가르치고 배우게 하면 아이들이 무척 힘들 수 있습니다. 짧은 문답은 일주일에 한두 개 문답, 길거나 어려운 문답은 일주일에 한 개 문답 정도, 또는 더 긴 시간을 할애해서 진행하는 것을 권합니다. 이렇게 하면 가족 구성원

들이 크게 부담을 느끼지 않고 평일 가정예배(경건회)를 드

릴 수 있습니다.

Q. 지은이는 왜 방법이나 형식보다 마음이 중요하다고 말합니까?

Q. 가정예배를 지속해서 드릴 수 있는 시간대는 언제입니까? 어떻게 해야 그 시간을 잘 지킬 수 있을까요?

Q. 현재 가정예배를 드리고 있다면 어떻게 드리고 있는지 나눠봅시다. 서로 권하고 배웁시다.

Q. 현재 가정예배를 드리고 있지 않다면 지금부터 어떻게 해나갈 것인지 나누고 함께 기도합시다.

제2장
가정과 교회 모두를 세우는
가정예배

제2장
가정과 교회 모두를 세우는
가정예배

가정과 교회를 세우는 가정예배

가정에서는 아무것도 안 하면서 우리 아이들을 교회학교에만 맡기는 것은 직무 유기입니다. 가장이, 부모가 자신의 가정을 위해, 아이들을 위해 아무것도 안 하면서(또는 소극적이면서) 아이들의 영혼이 잘되리라 생각하는 것은 정말 잘못된 생각입니다. 얼마나 많은 사람이 회사 동료들을 위해서는 선의를 베풀고, 교회에서는 적극적으로 봉사하면서 자신의 가정에는 그렇게 무심한지요. 가정의 경건생활에 힘쓰지 않으면서 다른 사람의 영혼을 돕겠다는 것은 가족 구성원들에게 큰 상처가 될 뿐만 아니라 교회 공동체적으로도 결코 건강하지 못한 태도입니다. 하나님께서는 "누구든지 자기 친족 특히 자기 가족을 돌보지 아니하면 믿음을 배반한 자요 불신자보다 더 악한 자"(딤전 5:8)라고 말씀하셨습니다. 가정은 신앙생활의 요람이요 가장 기초적인 공동체입니다. 가정에서 건강하게 신앙생활을 배우고 경험한 사람이 교회에서도 그렇게 할 수 있습니다. 날마다 정해진 시간에 가정예배를 드리는 것은 결국 가정과 교회를 모두 살리는 일입니다.

가정예배 모임은 그 가정이 가장 가치 있게 생각하는 것이 무엇인지를 나누는 곳이며, 실제 보여주는 곳입니다. 가정예배는 영적 연합을 눈으로 보고 마음으로 느끼며 확신하게 합니다. 우리는 가정예배 안에서 같은 신앙고백 안에 묶여 있으며, 그 안에서 함께 알아가고, 자라가고, 서로 격려하고 위로하며, 한 사람이 넘어졌을 때 다른 사람이 일으켜 줌을 경험함으로써 다른 어떤 관계에서보다 큰 사랑과 행복을 맛봅니다.

많은 사람이 아이들의 교육을 위해 아주 어렸을 때부터

한글과 영어를 가르치고 음악과 미술을 배우게 합니다. 영어를 예로 든다면, 흔히 영어 교육을 위해 영어 바다에 빠지게 하라고 합니다. 보이는 것, 들리는 것 모두 영어가 되게 하라고 합니다. 영어 두뇌를 만들라고 합니다. 반복해서 보고 듣고 말하고 쓰게 합니다. 그렇다면 신앙은 더욱 그래야 합니다. 갓난아이가 제일 먼저 가지고 놀 책은 성경책이어야 합니다. 집안 곳곳에 신앙서적들이 있어야 합니다. 어디에서도 볼 수 있고, 손만 뻗으면 잡고 읽을 수 있게끔 해야 합니다. 주야로 성경을 읽고 묵상해야 합니다. 무슨 일을 하든 기도해야 합니다. 어떤 상황에서도 하나님을 찬양하고, 하나님께 감사해야 합니다.

왜 가정예배를 드려야 합니까? 가정예배를 중요하게 생각하고 시간을 정하여 정기적으로 예배하는 가정의 아이들은 성경을 사랑합니다. 부모와 함께 기도하고 또 홀로 기도합니다. 문제나 고민 앞에서 하나님께 손을 듭니다. 부모에게 물어봅니다. 궁극적으로 성경에서 답을 찾으려 합니다. 교회에서만이 아니라 가정에서도 성경을 꾸준히 읽고 기도하는 아이는 교회에서만 예배하고 기도하는 아이보다 자신의 영혼에 대해 더 잘 알게 됩니다. 자신에게 무엇보다 그리스도가 필요함을 더 잘 알게 됩니다. 자신이 새롭게 태어나야 하고 회심해야 함을, 그래서 새로운 생명 안에서 새로운 본성으로 거룩한 삶을 살아야 함을 더 잘 알게 됩니다.

가정은 신앙만이 아니라 삶도 배우는 곳이기에 중요합니다. 가정예배가 중심이 된 가정생활 안에서 아이들은 하나님 앞에서 행하는 부모의 신앙과 삶의 태도를 적극적이면서도 자연스럽게 배웁니다. 아이들은 가정예배를 통해 부모의 신앙과 삶에 있는 고민과 아픔을 보고 듣습니다. 아이들은 부모가 전적으로 하나님을 의지하는 것을 봅니다. 하나님께 순종하는 모습을 봅니다. 아이들은 부모가 하나님 앞에서 자신들의 죄를 회개하는 것을 봅니다. 이때 왜 회개하는지, 죄의 결과가 무엇인지도 듣습니다. 성경의 가르침을 치열하게 삶의 현장에서 살아내려 애쓰는 부모를 봅니다. 부모가 믿음 안에서 깊이 연합되어 있고, 서로 존중하고 뜨겁게 사랑하는 모습을 봅니다. 이 모두를 통해 아이들은 살아계시며 참되신 오직 한 하나님만이 자신들의 신앙의 대상임을 알게 됩니다. 그리고 자신들도 전적으로 하나님을 의지합니다. 죄를 미워하고 부모에게 순종합니다. 부모에게 순종함으로 궁극적으로 하나님께 순종하는 법을 배웁니다.

또 하나님께 순종하기 때문에 부모에게 순종하는 선순환을 경험합니다(히브리 원어로 하나님을 공경하라고 할 때 쓰는 단어와 부모를 공경하라고 할 때 쓰는 단어가 같은 것은 우연이 아닙니다). 성경의 가르침에 따라 치열하게 살아가려 노력합니다.

가정에서 이루어지는 교제가 가장 꾸밈없는 교제라는 것도 장점입니다. 사실 일주일에 한 번 모이는 교회 공동체 모임에서는 우리 자신을 기만하고 가면을 쓸 수도 있습니다. 남들에게 보이기 위한 것들을 우리의 행위로 삼을 수 있습니다. 숨기고 싶은 것을 숨길 수도 있습니다. 우리는 더 의롭고 경건한 사람으로 보이고 싶어 합니다. 그런 평가를 은근히 바랍니다.

그러나 다른 어떤 인간관계에서보다 가정에서 이루어지는 교제와 나눔은 가장 솔직하고 투명합니다. 투명할 수밖에 없습니다. 늘 보는 사이고, 그래서 신앙과 말과 행동이 다 드러나기 때문입니다. 우리는 우리의 좋은 모습만을 본 사람들의 평가가 아니라 우리 믿음이 실제 어떠한지를 아는 가족의 평가 아래서 하나님 앞에 서게 됩니다.

가족들에게 인정받는 신앙은 훨씬 큰 가치를 지니게 되고, 그런 가족들의 지지를 받는 것은 매우 든든한 일입니다.

이런 이유로 가정에서 나누는 교제는 어떤 모임이나 관계보다 더 중요합니다. 그리고 바로 그런 이유로 가정에서 이해와 용납, 용서, 사랑 등을 배우는 것은 다른 어디에서 배우는 것보다 분명하고 효과가 크며 영향력 면에서도 지속적입니다. 혹 외부에서 큰 어려움을 당하고 상처를 받았다 할지라도 가정이 건강할수록 상처는 작게 느껴지고 어려움은 더 쉽게 극복할 수 있기 때문입니다.

가정예배는 가정뿐만 아니라 교회도 건강하게 만들어 줍니다. 앞에서 교회에서 선포되는 주일 설교와 가정예배 방법을 연결하여 설명해 드린 것을 기억할 것입니다. 그와 같은 방법은 교회의 공예배와 설교가 가정에서 이루어지는 경건생활과 밀접한 관계에 있도록 해줍니다. 각 가정은 설교를 기다리고(주중 특히 말씀을 미리 공부하는 토요일), 설교를 주의 깊게 듣고 사랑하며(주일), 설교를 실천하게(다시 되새기는 주일 저녁부터 주 내내) 됩니다. 부모는 목회자를 기뻐하며 목회자에게 순종하게 되고, 자녀들은 부모가 전하는 말씀을 듣고 부모에게 순종한 것처럼(때론 그 이상) 목회자를 기뻐하며 목회자에게 순종하게 됩니다. 부모와 자녀들은 가정에서 경험한 영적 연합과 정서적 안정감 등을 더 큰 울타리인 교회 안에서 더욱 크게 체험합니다. 가정에서 그랬던 것처럼 교회에서는 성도와 성도, 목회자와 성도들 간의 끈끈하고 건강한 교제가 풍성해집니다. 교회에서와 가정에서 배우는 신앙고백과 교리문답들을 통해 각 가정은 교회가 같은 신앙고백을 하는 영적 공동체임을 경험합니다.

여기서 한 가지 짚고 넘어갈 것은 지금 우리가 가정을 중심으로 이야기하고 있다는 것입니다. 실제 이런 일들은 보통 교회에서 먼저 시작합니다. 즉, 교회가 먼저 하나님의 말씀을 공적으로 선포하고 신앙과 신자의 삶에 대해 가르쳐 주며 인도합니다. 가정도 교회를 통해 깨닫고 배우게 되는 것입니다. 모든 신자가 그러하듯 모든 가정도 교회 의존적이며 교회를 중심으로 살아가기 때문입니다. 그리고 이제 교회를 통해 바르고 건강한 신앙을 배워가는 가정은 더욱 건강하고 경건해질 것이며 교회를 사랑하고 섬길 것입니다. 그런 가정들이 많을수록 교회는 더욱 건강해질 것이고, 그런 교회와 가정 경건생활의 유익을 달콤하게 맛본 가정들은 아직 그렇지 못한 가정들에게 선한 영향력을 끼치는 순환이 계속될 것입니다.

하나님의 말씀을 가르치는
가장 효과적이고 성경적인 수단

"내가 너희에게 분부한 모든 것을 가르쳐 지키게 하라"(마 28:20[상])

마태복음 말씀처럼 모든 부모는 우리의 주와 구주이신 분께서 분부하신 '모든 것'을 가르쳐 아이들로 하여금 지키게 해야 합니다. 사실 따지자면 부모만큼 좋은 스승이 없습니다. 모든 부모는 자녀들을 제자로 삼아 그리스도의 뜻을 따르도록 해야 합니다. 그런데 여기서 중요한 것이 있습니다. 부모부터 '모든 것'을 알고 있어야 한다는 것입니다. 모든 것을 알지 못하는 부모는 모든 것을 가르칠 수 없습니다. 물론, 여기서 '모든'이 의미하는 것은 정도에서는 '완전'이 아니라 '온전'이요, 범위에서는 계시된 주의 계명들이며, 이것은 십계명으로 압축할 수 있을 것입니다. 주의 말씀과 계명은 가벼운 것이 하나도 없기에 부모 자신부터 분부하신 모든 것을 알고 사랑하며 지켜야 합니다.

자신부터 분부하신 모든 것을 알고 사랑하며 지키는 부

모들은 자녀들에게 항상 성경을 바르게 가르치기 위해 열심히 공부해야 합니다.

자녀들이 하나님과 하나님의 말씀에 대한 바른 이해와 지식 없이, 그릇된 이해와 지식으로 신앙생활을 한다는 것은 얼마나 슬프고 비참한 일입니까? 부모들의 게으름과 교만과 불성실함으로 자녀들에게 마땅히 따라야 할 주의 교훈과 율례를 가르치고 보여주지 않는다면 그렇게 자라나는 우리의 자녀들은 얼마나 불행합니까? 부모들 자신은 그렇게 믿지 않고 그렇게 살지 않으면서 자녀들만큼은 잘되었으면 좋겠다고 생각하는 것은, 아이들이 바른 믿음을 가지고 살아가도록 소망하는 것은 비정상이 아닐까요?

부모는 정말 열심히 공부해서 자녀들에게 바른 신앙과 바른 지식을 물려주어야 합니다. 바른 지식에서 바른 신앙이, 바른 신앙에서 거룩한 삶이 나오기 때문입니다.

이 일에는 무엇보다 기도가 필요합니다. 하나님은 기도를 통해 일하십니다. 그것이 하나님의 방법입니다. 하나님께서는 기도를 통해 우리가 하나님만을 전적으로 의지하기를 원하시며, 기도를 통해 하나님께 도움 구하기를 원하시고, 기도를 통해 하나님의 지혜와 교훈 배우기를 원하십니다. 아무리 탁월하고 풍성한 지식을 전해준다 해도 기도하지 않으면 아무것도 아닐 뿐 아니라 오히려 더 위험할 수 있습니다. 아이는 지식을 제대로 배우기가 힘들 것이기 때문입니다. 혹 아이가 지식은 잘 배울 수도 있겠지만 하나님을 의지하여 배우지 않을 것이기 때문입니다. 그것은 사실 지식이 아니기 때문입니다. 그러니 우리는 아이들의 영혼과 구원을 두고 도박을 하지 말아야 합니다. 기도하지 않으면서 이 아이는 잘되었으면 하고 바라는 것은 도박입니다. 손에 꼽을 만큼 기도하거나 마음을 쏟아서 기도하지 않으면서도, 매일 기도하지 않으면서도 우리의 아이들이 하나님을 참되게 믿고 거룩한 삶을 살기 원하는 것은 도박입니다.

그리고 우리의 아이들은 어렸을 때는 잘 모를 수 있겠지만 점점 자라가면서는 부모의 위선 때문에 오히려 신앙에서 더 멀어질 수도 있습니다. 그러니 우리는 우리 아이들을 위해 매일 눈물로 기도해야 합니다. 마음을 다해 기도해야 합니다. 당장 내일을 기약할 수 없음을 기억하고 날마다 마지막이라는 생각으로 기도해야 합니다. 우리가 눈물로 기도하지 않으면 먼 훗날 아이들이 우리의 눈물을 흘리게 할 것입니다.

그런데 이렇게 하나님의 모든 말씀을 바르게 가르치고 기도로 아이들을 섬기는 데 가장 효과적이며 성경적인 수단이 바로 가정예배입니다.

가정에서 매일 정해진 시간에 예배를 드린다면 우리 아이들은 그 시간을 자신들의 시간표에서도 따로 떼어 생각할 것입니다. 엄숙하고 진지하게 예배를 드린다면 아이들은 가정예배를 일반적인 활동과는 달리 생각할 것입니다. 부모의 입을 통해 들려지는 하나님의 말씀은 부모의 삶의 태도와 함께 아이들에게 그대로 전달될 것입니다. 또 부모와 함께 기도하는 것은 아주 체험적이면서도 정서적인 경험일 것입니다. 성경을 통해 배운 진리가 기도와 어떻게 연결되고 그 기도가 삶으로 어떻게 스며드는지, 그리고 그 모든 것을 함께 알고, 보고, 누리는 공동체가 있다는 것이 어떤 의미인지를 배운다는 것은 아주 특별하고 달콤한 일입니다. 위로는 하나님만을 섬기고, 서로를 향해서는 영적 연합을 이루는 것이야말로 가족의 모든 필요를 채워주기 때문입니다. 정서적인 안정감 등은 말할 것도 없을 것입니다.

온 가족이 함께 둘러 앉아 하나님의 말씀을 즐거이 듣고, 날마다 베풀어주시는 하나님의 은혜에 크게 감사하며, 하나님의 뜻이 하늘에서 이루어진 것 같이 땅에서도 이루어지기를 간절히 기도하는 가정을 생각해보십시오. 우리 모두가 바라는 모습이 아닙니까?

만약 가정에 다소 어려움이 있을 때 가족 모두가 한마음으로 하나님만 의지하는 모습을 보인다면 그 신앙지식과 경험은 구성원 모두에게 어떤 의미가 될까요?

병이나 사고로 크게 다쳐 살 날이 많지 않은 사람이 있다고 합시다. 그가 이전부터 가정예배를 드려왔다면 가정예배가 살 날이 많지 않은 그에게 어떤 의미가 될까요? 어떤 사람에게는 오늘이 가정예배를 드릴 수 있는 마지막 날일 수 있습니다.

왜 가정예배를 드려야 할까요?

왜 가정예배를 드려야 합니까? 가정에서도 하나님을 예배해야 하기 때문입니다. 예배하고 싶기 때문입니다. 모든 참 신자는 그것이 신자의 의무일 뿐만 아니라 행복임을 알기 때문입니다. 신자의 삶의 중심이 예배인 것처럼, 믿음의 가정 생활의 중심도 예배이기 때문입니다.

왜 가정예배를 드려야 합니까? 남편과 아내와 부모와 자녀의 영혼에 관심이 있기 때문입니다. 영혼에 대한 관심의 정도가 가정예배를 결정합니다. 우리는 가족의 영원한 복을 위해, 가족의 구원을 위해 가정예배를 드립니다.

가정예배가 이처럼 중요하기 때문에 청교도 선조들은 가족들의 경건을 위해 힘쓰지 않고, 아이들에게 교리문답을 가르치지 않는 가장을 치리의 대상으로 삼을 정도였습니다. 사실 청교도 선조들의 가정 경건생활에 대한 역사자료들을 읽다보면 혀를 내두를 정도입니다. 그들에 비해 너무도 하향평준화된 우리에게는 가정 경건에 대한 그들의 태도와 애정이 부담스럽기만 합니다. 과연 무엇이 청교도들로 하여금 가정 경건생활에 대해 그와 같은 열심을 내게 했을까요? 물론 그때와 지금의 시대는 다릅니다. 여러 환경과 상황상 그때 그들의 열심을 그대로 따라하는 것은 거의 불가능합니다. 하지만 우리는 우리의 열심을 낼 수 있습니다. 우리가 우리는 청교도들처럼 할 수 없다며 우리의 열심을 내지 않는 이유는 가정예배에 대한 하나님의 말씀을 가벼이 여기고, 가정예배가 주는 아름답고 선한 유익들을 알지 못하기 때문입니다. 가정예배의 가치를 알지 못하기 때문입니다.

우리는 세상에서 우리의 이름을 알리기 위해서, 더 풍요롭게 살기 위해서, 순간순간 움켜쥐고자 하는 것을 위해 얼마나 열심을 내어 삽니까? 그에 비해 저 영원한 것들에 대한 우리의 마음과 태도는 어떠합니까?

하나님을, 진리를, 복음을 사랑하고 기뻐하는 사람은 누구보다 가족들과 함께 이것을 나누고 싶어합니다. 이것은 단지 의무가 아닙니다. 모든 예배는 저 천국의 삶을 맛보는 것입니다. 그래서 우리는 가정예배를 드려야 합니다.

우리의 아이들이 하나님과 신앙에 대해서 말하거나 질문할 때 어떻습니까? 그 기쁨과 행복을 어떻게 설명할 수 있을까요? 성경을 사랑하고, 진지하게 기도하고, 감사 가득한 마음으로 찬양하는 모습은 어떻습니까?

아이들의 영혼과 삶은 부모에게 달려 있습니다. 하나님께서는 부모에게 아이들을 맡겨주셨습니다. 아이들을 돌보는 일은 우리의 할 일을 다 한 후에 처리할 일이 아닙니다. 이것은 모든 부모에게 최우선순위의 일입니다. 우리의 아이들을 결코 영적 고아로 만들어서는 안 되겠습니다. 부모의 신앙지도 없이 자라는 아이들은 영적인 고아들과 다를 바가 없기 때문입니다.

우리의 아이들이 훗날 우리에게 이렇게 말하도록 하면 안 되겠습니다.

"왜 가정예배를 드리지 않았나요?"

"왜 주의 교양과 훈계로 날 가르쳐주지 않았나요?"

"왜 날 위해 기도하지 않았나요?"

"왜 내 영혼에 무관심했나요……?"

Q. 가정예배가 구체적으로 어떻게 가정과 교회 모두를 세울 수 있습니까? 그런 경험이 있다면 나눠봅시다.

Q. 왜 가정예배가 하나님의 말씀을 가르치는 가장 효과적이고 성경적인 수단일까요?

Q. 이를 위해 부모가 먼저 어떻게 준비되어야 할까요?

Q. 각자 왜 가정예배를 드려야 할지에 대해 적어봅시다. 이를 가정예배를 드릴 때마다 읽어서 마음을 잃지 않도록 하고, 지속해서 하나님께 은혜를 구하는 수단으로 삼읍시다.

제3장
가정예배, 어떻게
준비해야 할까요?

제3장
가정예배, 어떻게
준비해야 할까요?

모든 신자는 하나님을 사랑하고 주의 말씀을 즐거워하기에 성경을 부지런히 읽고 열심히 공부합니다. 하나님을 사랑한다는 것은 곧 하나님의 말씀을 사랑하는 것이기 때문입니다. 그 말씀에 순종하는 것이기 때문입니다. 사랑하기에 알고 싶어하고, 순종하기 위해 더 알고 싶어하는 것입니다.

경건한 가장은 여기에 더하여 가족의 경건을 위해서도 더욱 성경을 사랑하여 부지런히 읽고 열심히 공부하고자 합니다. 단지 부지런히 읽기만 해서는 안 됩니다. 열심히 공부해야 합니다. 자녀들을 가르쳐야 하기 때문입니다. 성경에

57

서 말하는 교훈을, 성경에 담긴 하나님의 뜻을 자녀들에게 잘 설명해서 자녀들이 잘 깨달아 알게끔 해야 하기 때문입니다. 만약 가장이 가르치지 않는다면 자녀들은 다른 곳에서 배우거나 진리가 담겨야 할 자리를 다른 것으로 채울 것입니다.

설교 잘 듣기

잘 가르치기 위해서는 먼저 잘 배우는 사람이 되어야 합니다. 그리고 가장에게 가장 좋은 선생은 교회의 목회자입니다. 따라서 목회자를 잘 따르고 사랑해야 합니다. 목회자를 위해 기도해야 합니다.

가장은 주일 설교를 포함해 교회에서 선포되는 모든 말씀을 잘 듣고 소화해야 합니다. 또 교육도 잘 받아야 합니다. 그리고 잘 순종해야 합니다. 자신이 먼저 순종하는 자가 되어야 순종이 무엇인지 알 수 있고, 자녀들에게 순종을 가르칠 수 있기 때문입니다. 그리고 순종이야말로 우리가 참된 지식을 소유할 수 있게 해 주기 때문입니다.

이렇게 가장은 설교를 통해 기본적으로 성경을 이해하고 적용하는 법을 배웁니다. 하나님은 누구시며 어떻게 일하시는지를, 이 일들과 말씀들의 의미가 무엇인지를 배우게 됩니다. 특히 강해설교를 통해서는 성경을 보는 전체적인 안목과 구속사적 관점을 더욱 잘 배울 수 있습니다. 주제 설교를 통해서는 어떤 한 주제에 대한 성경 교훈의 조화와 균형 등을 배울 수 있습니다. 또 교회에서 가르치는 신앙고백이나 교리문답과 같은 교리공부를 통해 성경의 핵심 진리를 배우게 됩니다.

설교를 통해 성경을 보는 눈이 뜨이고, 교리 공부를 통해 성경 전체의 진리를 요약해서 정리할 수 있게 되면 가장은 가정에서 가정예배를 인도할 때나 가족들과 자유롭게 성경에 관해 이야기할 때 권위를 갖고 담대하게 큰 확신으로 이야기할 수 있습니다.

고전 읽기

아주 좋은 또 하나의 스승은 바로 위대한 신앙의 선배들입니다. 그분들은 고전이라 불리는 탁월한 작품들을 많이 남겼습니다. 위대한 신앙 선배들의 책들을 통해 우리는 시간의 시험을 이겨내고 오늘날에도 여전히 가치가 있는 깊고 풍성한 신앙 지식을 체계적이면서도 실천적으로 배웁니다.

또 위대한 신앙 선배들의 신앙과 삶은 우리에게 큰 본보기가 됩니다.

위대한 신앙 선배들의 책을 주기적으로 읽는 것은 가장에게뿐 아니라 모든 사람에게 아주 유익한 일입니다. 가장은 자녀들과 전기를 함께 읽으면서 자녀들을 도전하고 도울수 있습니다. 본이 되는 사람들의 삶과 역사는 우리의 의지를 일깨워주고 우리를 지혜롭게 합니다. 자녀들이 어느 정도 성장했다면 어렵지 않게 읽을 수 있는 고전 작품들을 한달에 한 권 정도씩 함께 읽어나가는 것도 좋은 방법입니다.

설교를 잘 듣는 것만큼이나 중요한 성경공부(넓은 의미의)에 관해 여러분과 함께 나누고자 합니다.

교회에서 시행되는 성경공부든, 개인이 따로 시간을 내어서 하는 성경공부든 성경공부를 힘써 하는 것은 매우 중요합니다. 성경공부는 특히 가장들에게 무겁게 주어진 의무인데, 이는 하나님께서 한 교회의 영적 건강을 위해 목사를 세우시고 또 당회를 세우신 것처럼, 한 가정의 영적 건강을 위해 가장을 주셨기 때문입니다.

가족의 영적 수준은 가장의 신앙을 뛰어넘을 수 없습니다. 따라서 가장이 영적 교만과 게으름으로 신앙을 소홀히

한다면 그 가족은 결코 성장할 수 없습니다. 반대로, 가장이 신앙에서 계속해서 자라간다면 가족 전체의 신앙이 크게 계속해서 자랄 가능성이 큽니다. 성경공부가 이와 큰 관련이 있음은 부인할 수 없는 사실입니다. 따라서 가장은, 부모는 간절한 마음으로 시간이 날 때마다 말씀을 공부하고, 말씀을 사랑하고, 말씀에 순종함으로 가족을 영적으로 인도하고, 가족에게 본을 보임으로 섬겨야 합니다.

"너희 마음에 그리스도를 주로 삼아 거룩하게 하고 너희 속에 있는 소망에 관한 이유를 묻는 자에게는 대답할 것을 항상 준비하되 온유와 두려움으로 하고"(벧전 3:15)

우리 자녀들이 우리 속에 있는 소망에 관한 이유를 물어볼 때마다 우리는 주저 없이, 담대하게, 확신을 가지고 대답해야 할 것입니다.

교리 공부

성경을, 말씀을 공부하는 첫 번째 단계는 교리 공부입니다. 교리 공부는 성경공부(좁은 의미의)와 함께 하는 것이 가장 좋습니다. 그러나 기독교 진리에 대해 잘 모르는 사람은 교리 공부부터 먼저 하는 것이 좋습니다. 교리는 성경의 핵심 진리가 무엇인지를 잘 정리한 것이기 때문입니다. 교리는 말 그대로 성경의 진리여서 아무도 교리 없이 믿음을 갖거나 이해할 수 없기 때문입니다.

예외는 없습니다. 기독교 신앙에 입문하는 모든 사람은 항상 교리부터 배웁니다. 하나님은 누구시며 어떤 일을 하시는지, 또 예수님은, 또 성령님은 어떠신지 등부터 시작해 성경의 영감과 권위, 인간의 상태와 죄, 믿음과 구원, 교회와 이 세상의 마지막 일 등에 대한 것들을 간단하게라도 먼저 배우는 것입니다.

우리가 믿는 한 분 하나님이 삼위로 계신다는 교리를 배우지 않고 신앙생활을 하는 사람은 아무도 없습니다. 삼위일체에 대한 교리 없이 성경만을 본다면 어떤 혼란이 올지 상상해보십시오. 또 우리의 주와 구주이신 예수님이 참 신이자 참 인간이신데, 왜 그래야만 하는지에 대한 이해 없이 우리의 죄와 구원을 이해하는 것도 불가능합니다.

따라서 교리에 대한 지식과 이해가 약한 분들은 성경통독을 꾸준히 하면서 『웨스트민스터 신앙고백』, 『웨스트민스터 대교리문답』,『웨스트민스터 소교리문답』,『하이델베르크 교리문답』 등으로 충분히 공부하기를 바랍니다. 교회에서 배우고, 따로 책도 읽어보고, 암송도 해보고, 그룹으로 함께 공부 나눔도 하면서 정리하면 좋습니다.

가정예배를 드리는 것 자체도 시간 부담이 큰데 따로 공부까지 해야 한다니 부담이 더 크게 느껴지겠지만 그래도 우리는 해야 합니다. 할 수 있는 분량부터 할 수 있는 수준부터 조금씩이지만 해나가야 합니다. 다시 말씀드립니다. 우리 아이들의 신앙의 수준은 결코 우리 부모의 수준을 넘을 수 없습니다.

독자 여러분도 부모가 되는 것보다 부모로 사는 것이 훨씬 어려운 일이라고 생각하실 것 같습니다. 그리스도인 가정에서는 더욱 그렇습니다. 부모가 먼저 하나님께 순종해야 하기 때문입니다. 부모가 하나님의 말씀을 가르쳐줄 수 있어야 하기 때문입니다.

그래도 이 짐은 실제로 결코 무겁기만 한 짐이 아님을 함께 기억하기 원합니다. 이 거룩하고 영광스러운 짐은 우리의 성화의 수단이 되어 우리를 하나님께 더 가까이 나아가게 하고 하나님을 더 사랑하게 하며, 하나님을 더 의지하고

제3장 가정예배, 어떻게 준비해야 할까요?

신뢰하게 합니다.

이런 일은 다른 어떤 것보다 말씀을 가까이할 때 잘 일어납니다. 그런데 하나님의 말씀을 묵상하는 것은 기본적으로 공부하는 것과 비슷합니다. 이것이 우리가 다른 무엇보다 성경공부를 열심히 해야 하는 이유입니다.

성경공부는 교리에 대한 기본적인 이해를 바탕으로 성경 해석에 대한 기본적인 지식을 갖추고 해야 합니다. 성경 해석과 성경 연구에 대한 좋은 입문서를 몇 권 공부한다면 좋을 것입니다. 그런데 만약 교회에서 강해설교를 하고 있다면 강해설교를 통해 어느 정도는 성경 해석과 연구에 대한 기초 지식을 자연스럽게 배우게 됩니다. 앞서 말씀했듯이 좋은 강해설교는 성경을 보는 전체적인 안목과 구속사적 관점을 배울 수 있게 해주기 때문입니다. 혹 자신이 성경을 공부하고 싶은데 기초가 너무 없다고 생각하는 분들은 목회자를 찾아가서 가르쳐 달라고 하십시오. 목회자는 교회와 개인의 형편에 따라 교육 프로그램을 만들든지 좋은 책을 추천해줄 것입니다.

이제 다양한 번역본과 성경 사전, 공부하고자 하는 본문에 대한 좋은 주석서와 강해서 몇 권을 준비한 후 본격적으로 공부합니다.

일주일 동안 한 단락의 본문을 공부하기

이제 토요일에 집중해서 공부하는 것을 전제로 말씀드리겠습니다.

교회에서 강해설교를 하고 있다면 더욱 좋은데, 만약 주일 설교가 로마서 1장 1절부터 7절까지였다면 오는 주일 설교본문은 8절부터 17절이 될 것으로 예상할 수 있습니다.

필요에 따라 성경 사전 등을 참고할 수 있겠지만 월요일부터 수요일까지는 주로 성경만 읽습니다. 이때 한 가지 성경만 보지 않고 가능하면 여러 번역본을 함께 읽습니다. 우리 대부분은 전문적으로 신학 훈련을 받지 않았고 그래서 히브리어와 헬라어 원문으로 공부할 수는 없지만 여러 번역본을 비교하며 읽고, 권위 있는 좋은 주석서를 참고해서 공부하면 나름 충분한 공부를 할 수 있습니다.

읽는 방법에 대한 예는 다음과 같습니다.

월요일 아침에 개역성경으로 해당 본문을 여러 번 읽습니다. 그냥 쭉 읽고 끝내지 말고 우리가 수신자라는 생각으로 천천히 읽으며 내용의 의미를 생각해봅니다. 5분이면 충분합니다. 점심 전후나 오후에 잠깐 짬을 내어 역시 5분 정도 천천히 여러 번 읽으며 생각합니다. 퇴근할 때나 집에 도착해서 또 5분 정도를 그렇게 합니다. 밤에 잠자기 전에도 잠깐 시간을 내어 그렇게 합니다. 같은 본문을 여러 번 보는 것이 좀 지겹거나 형식적이 되는 것 같을 때면 언제라도 다른 번역본으로 바꾸어도 됩니다.

본문에 많이 익숙해진 화요일부터 수요일까지는 번역본을 자주 바꾸면서 해석과 정리를 시작합니다. 물론 시간 사용은 월요일과 비슷합니다. 틈틈이 짬을 내고 틈틈이 정리합니다. 생각이 막 떠오르는 경우는 한 구절로 10분 이상 정리하기도 합니다. 그리고 수요일 저녁쯤에 지금까지 써 놓은 생각의 조각들을 서로 묶으며 정리합니다. 여러 번역본을 서로 비교하면서 읽기만 해도 깨닫게 되는 일이 많습니다. 또 글은 쓰다 보면 써집니다. 이때 작은 것이라도 생각나는 것들을 계속해서 필기하고 정리하려고 하는 것이 중요합니다. 우리는 너무 뻔한 것이라고 생각하는 것은 이야기하지 않으려 하는데, 언제나 가장 기본적인 것은 가장 단순하고 가장 잘 알려진 것 안에 있기 때문입니다.

목요일부터는 퇴근하기 전까지는 이전과 같은 방법으

로 성경을 읽되 저녁이나 밤에는 좋은 주석서나 강해서 등을 통해 보충하며 배웁니다. 내용이 쉬우면서도 경건을 함양하게 해주는 존 칼뱅(John Calvin)의 주석 등이 아주 좋습니다. 그리고 토요일에는 지금까지 공부한 것들을 집중해서 체계적으로 정리합니다.

토요일에 1시간을 할애하는 것을 빼고는 주중에 시간 내는 것이 결코 어렵지 않습니다. 출퇴근 시간을 잘 이용하면 되고, 정말 틈틈이 하면 되기 때문입니다. 저는 휴대폰 메모장에 해당 말씀을 넣어서 수시로 꺼내서 봅니다. 화장실에 갈 때도 잘 활용합니다. 밤에 잠자기 전에도 한두 번 말씀을 읽은 후 눈을 감고 계속 생각합니다. 피로로 금방 잠들 때가 많지만 잠이 잘 오지 않는 때는 쓸데없는 고민이나 공상에 빠지지 않고 말씀 묵상을 하다가 잠들게 되니 참 좋습니다. 그렇게 종일 틈날 때마다 말씀을 읽으며 묵상하면, 흔한 경험은 아니지만 꿈에 그 말씀이 나올 때도 있습니다. 말씀을 읽는 자신을 발견하는 것입니다. 이렇게 공부한 것은 주일 설교를 통해 어떤 내용은 더욱 확신하게 되거나, 어떤 내용은 교정받게 되거나, 어떤 내용은 더욱 풍부하게 보충을 받게 됩니다.

이렇게 공부할 때 당연히 가장 중요한 것은 하나님을 전적으로 의지하고 기도하는 것입니다. 성경공부를 하는 목적이 우리 자신의 지식을 채우는 것이 아니라 하나님을 알고 사랑하는 데 있음을 기억하고, 성경의 저자이신 성령이 아니시면 아무리 좋은 설교를 듣고 아무리 좋은 책으로 공부를 한다고 할지라도 참된 지식을 배울 수 없음도 기억하며, 성령께서 지혜를 주시고 믿음을 주시기를 간절히 기도하며 공부해야 합니다.

이제 이렇게 공부한 내용을 칼뱅 주석이나 다른 좋은 주석서와 강해설교집 등의 도움을 받아 수정하고 보완하면서 좀 더 다듬으면 됩니다. 물론 더 좋은 것은 학문과 경건을 갖춘 좋은 목회자에게 직접 배우는 것입니다. 강해설교가 진행되어 주일 설교본문과 개인 성경공부 본문이 같다면 주일 설교를 잘 듣는 것 자체가 큰 배움이 됩니다. 또는 목회자와 다른 성도들과 함께 그룹으로 성경공부를 할 수도 있겠고, 개인적으로 목회자를 방문하거나 목회자에게 이메일 등을 보내 배움을 요청할 수도 있을 것입니다.

귀찮게 느껴질 수 있고 또 별것 아닌 것 같아 보이지만 이렇게 하루하루 한 주 한 주 꾸준히 공부하면 말씀에 대한 넓은 안목과 깊은 지식이 생깁니다. 초신자들은 처음부터 너무 많은 계획과 꿈을 갖고 감당하기 어려운 부담으로 며칠 해보고 나서 포기하지 말고, 주위의 조언이나 도움을 받아 하나씩 해보시기 바랍니다. 성경 해석 등 성경공부 자체에 경험이 많지 않을 때는 교회 교육에 참여하며 기초 교리를 공부하고 성경 전체를 큰 틀 안에서 이해하는 법 등을 배우는 것이 좋습니다. 그리고 나서 주석이나 설교집을 성경 본문과 같이 보면 어렵지 않게 성경을 보는 눈이 생깁니다. 주위에 지식과 인격 면에서 본이 되는 신앙 선배들이 있다면 그들과 함께 공부하는 것도 아주 좋은 방법입니다.

성경을 꾸준히 공부하기가 어려운 분들도 시간 내기가 충분하지 않다는 이유로 아예 아무것도 하지 않기로 작정하지 말고 각자 형편에 따라 할 수 있는 것부터 조금씩 시작해 보십시오.

우리 부모님들이 하나님을 사랑하여 말씀을 꾸준히 읽고 묵상하며 우리에게 즐겁게 하나님의 말씀을 꾸준히 가르쳐 준 것은 오늘 우리에게 다른 어떤 것과도 비교할 수 없는 큰 보물입니다. 오늘 우리도 하나님을 사랑하여 꾸준히 하나님의 말씀을 읽고 묵상하며 순종한다면 우리의 자녀들도 분명히 우리와 같은 고백을 할 것입니다.

Q. 설교를 잘 듣는 것이 왜 중요합니까?

Q. 교리와 성경공부를 따로 꼭 해야 합니까? 어떤 유익이 있습니까?

Q. 실제 지금 하고 있는 성경 읽기 방법을 서로 나누면서 권하고 배웁시다.

Q. 신앙서적 읽기가 중요하고 필요한가요? 지적 만족을 위한 독서가 아니라, 가정예배와 가족들의 영적 성장을 위해 독서가 어떻게 활용되어야 할지 나눠봅시다.

제4장
가정예배 관련 Q&A 모음

제4장
가정예배 관련 Q&A 모음

가족 중에 믿지 않는 사람이 있을 때, 어떻게 예배할 수 있을까요?

먼저 중요한 전제 하나를 말씀드리겠습니다. 가족 모두가 신앙생활을 하지 않는 가정에서 신앙생활을 하는 사람은 다른 사람들보다 신앙을 더욱 바르고 건강하게 실천해야합니다. 신자라고 하지만 교회 일에만 열심이고 자기 일에는 성실하지 않거나 가정을 잘 돌보지 않으며, 성품이 덕스럽지 않다면 신앙생활 하는 것 자체를 가족들이 불편해하고 위선적이라고 생각할 것입니다. 그러면 가정 경건생활을 하는 것 자체가 너무 어렵게 됩니다. 따라서 신자는 새로운 피조물로서도 그렇고, 복음에 따라서도 그래야겠지만 가족들에게 흠잡히지 않기 위해서도 말과 행동 모두 도덕적으로 본이 되고 실천적이어야 합니다. 가정을 잘 돌보고 섬기며, 학업이나 직장 일에 성실해야 합니다. 그래야 가족들에게 복음을 전하거나 가정에서 신앙생활을 할 때 힘이 생깁니다.

이제 신앙생활을 하는 사람이 신앙을 바르고 건강하게 실천하고 있다는 가정하에 말씀드리겠습니다.

자녀들만 신앙생활 할 때

자녀들은 신앙생활을 하는데 부모님 두 분 다 신앙생활을 하지 않을 때는 부모님께 가정예배를 드리고 싶다고 먼저 말씀드리십시오. 믿지 않는 부모님이라고 해도 가정의 권위와 질서는 여전히 부모님께 있습니다. 말씀을 드릴 때 부모님을 사랑해서, 이 가정이 정말 소중해서 가정예배를 드리고 싶다고 이야기하십시오. 부모님도 같이 참석하시면 좋겠지만, 지금 당장 그것이 편하지 않다면 우리끼리라도 시간을 정해서 5-10분 정도 찬양하고 기도하고 싶다고 말씀드리십시오. 그것이 여러분에게 정서적으로도 훨씬 좋아서 공부하거나 자기 일을 할 때 큰 힘이 된다고 말씀드리십시오. 거절하는 부모님이 많지 않으실 것입니다. 경건회를 할 수 있게 된다면 경건회를 하게 됨으로 말미암아 가정을 더 사랑하게 되는 모습을 보여드리십시오. 부모님을 더욱 존경하고 따르는 모습을 보여드리십시오. 부모님의 이름을 부르며 기도하십시오. 눈물로 기도하는 모습을 보여드리십시오. 그러면서 기회가 되는대로 짧게라도 복음을 자주 전하십시오.

만약 크게 반대하신다면 골방에서 기도와 찬양을 하면서 기회가 되는대로 계속해서 허락을 구하십시오. 부모님이 크게 불편해하시는데도 무조건 해야겠다고 강행하는 것은 결코 지혜롭지 못한 행동입니다.

아버지가 신앙생활 하지 않을 때

아버지만 신앙생활을 하지 않을 때도 마찬가지입니다. 먼저 가정의 권위는 가장인 아버지에게 있음을 기억하고 온 가족이 허락을 구해야 합니다. 아버지가 가장이니까 허락을 받고 싶다고 이야기하면서 아버지를 존중하고 높여 주는 것이 중요합니다.

아버지가 가장이긴 하지만 어머니 또한 자녀들에게 부모의 의무와 역할을 감당해야 한다는 것을 기억해야겠습니다. 아버지의 반대가 심하든 전혀 무관심하든, 어머니는 자녀들과 힘써 가정예배(경건회)를 지켜나가려고 노력해야 합니다. 이 외에 나머지는 앞에서 드린 말씀을 참고하십시오.

자녀들이 신앙생활 하지 않거나 무관심한 경우

부모는 나름 신실하게 신앙생활을 하고 있는데 자녀들이 신앙에 전혀 무관심하거나 신앙을 배척하는 경우, 부모의 권위로 무조건 데려다가 무릎 꿇리고 억지로 같이 모이는 것은 자녀들에게 더 큰 상처를 주는 것입니다. 자녀들은 신앙에서 더욱 멀어질 것입니다.

자녀가 교회에 출석은 하지만 신앙에는 관심이 없는 것은, 많은 경우 평소 부모가 자녀들의 학업 성취 외에는 관심이 없어 자녀들과 인격적으로 깊이 교제하지 않거나, 부모의 신앙이 형식적이거나 위선적이기 때문입니다. 자녀의 생각과 마음에 귀 기울이지 않으면서 자녀들이 부모에게는 그렇게 해주기를 바라는 것이 정당할까요? 먼저 회복할 것은 부모와 자녀가 한 가족으로서 마땅히 누려야 할 친밀한 교제와 정서적 안정입니다. 또 집에서 보이는 모습과 교회에서 보이는 모습이 차이가 크게 난다면 부모 자신부터 먼저 신앙을 돌아보고 하나님의 은혜를 구해야 합니다.

물론 부모의 신앙이 훌륭한데도 자녀들이 신앙에서 먼 예도 있습니다. 이는 자녀들의 신앙이 부모의 노력에 달린 것이 아니라 하나님의 주권에 있음을 보여줍니다. 우리는 겸손히 인내하며 하나님의 은혜를 구하고 자녀들에게 힘써 주의 교양과 훈계로 가르쳐야겠습니다. 하나님께서 주권적으로 복 주시고, 은혜를 베풀어주실 기쁨의 날을 기대하면서 말입니다. 자녀들이 부모의 진정한 관심이나 변화를 알게 된다면 자녀들도 조금씩 마음을 열 것입니다.

흔히 가족을 전도하는 일이 가장 어렵다고 합니다. 맞습니다. 우리의 신앙이 아무리 좋아도, 우리가 주님 주신 이 위대한 신앙에 아무리 합당한 삶을 살아도 우리의 가족들은 복음을 거절할 수 있습니다. 정말 완악해서 진리의 빛이 비치고 진리의 증거들이 보이는데도 단단한 마음을 가질 수 있습니다. 그러나 우리의 신앙이 건강하지 못해서, 우리가 지혜롭게 처신하지 못해서 복음을 거절할 수도 있습니다. 우리의 신앙이 건강만 하다면, 우리가 지혜롭게 처신만 한

제4장 가정예배 관련 Q&A 모음

다면 복음에 대해 마음을 열 수 있는 사람들이 결코 적지 않습니다.

예수님을 믿는다고는 하는데, 신앙생활을 한 이후로도 거의(또는 전혀) 변화가 없고 가족들이 변화를 알 수 없다면 무엇이 문제일까요? 아니 오히려 가족들에게 소홀해진다면 무엇이 문제일까요? 우리는 정말 예수님을 믿고 있는 것일까요? 우리의 신앙은 건강한 것일까요? 우리는 지혜롭게 행동하고 있는 것일까요?

제가 가깝게 아는 어떤 분은 가족과 친척들을 전도하는 데 삼십 년이라는 시간이 걸렸습니다. 오랜 세월 동안 온갖 핍박과 모욕 속에서도 하나님만을 바라보면서 눈물로 기도하고 가족들을 섬기고 사랑해온 결과, 가족과 친척들이 이제야 기독교에 대한 반감을 거두고 신앙에 관심이 조금 생긴 정도입니다. 그분은 큰 손해를 여러 번 보기도 하고, 많은 오해를 받기도 하고, 예수님을 믿는다는 이유만으로 무조건 미움을 받아야 했습니다. 하지만 그럴수록 더욱 가족과 친척들을 용서하고, 하나라도 더 주기 위해 노력하고, 저들의 영혼을 불쌍히 여기며 갖은 섬김을 다했습니다. 예수님의 이름으로, 신앙이라는 이름으로 말입니다. 그리고 이제야 가족과 친척들과 함께하는 신앙생활의 시작점에 본격적으로 서게 된 것입니다.

한 달이 걸릴지 일 년이 걸릴지 십 년이 걸릴지, 얼마나 걸릴지 우리는 모릅니다. 분명한 것은 우리의 믿음 없는 가족들은 우리의 말과 행동으로 기독교를 판단한다는 사실입니다. 기독교가 정말 능력이 있는 진리인지를 판단한다는 것입니다. 정말 새로운 피조물이 되는지, 정말 성경에서 말하는 내용과 합당한 삶을 사는지를 보고 하나님과 성경을 판단한다는 것입니다.

예수님을 믿고 복음을 기뻐하고 그래서 믿지 않는 사랑하는 가족들을 긍휼히 여기고 가족들을 잘 돕고 싶은 마음은 가득한데, 많은 거절감 때문에 많은 실패의 기억 때문에 힘들어하시는 분들은 더욱 용기를 내기 바랍니다. 하나님을 더욱더 간절히 의지하십시오. 믿게 되는 것, 구원을 받는 것이 모두 하나님께서 하시는 일임을 기억하면서 하나님을 더욱 간절히 의지하십시오. 그리고 최선으로 가족을 섬기십시오. 사랑하십시오.

실제로는 자신조차도 믿음에 확신이 없고, 그래서 가족을 대하는 것이 더욱 어려운 분들은 먼저 자신을 하나님 앞에 세우십시오. 먼저 하나님과 해결하십시오. 건강하고 단단한 믿음을 달라고 구하십시오. 복음에 합당한 사람이 되게 해달라고 간청하십시오.

가정예배를 잘 인도하지 못합니다 너무 부담됩니다

누구나 처음이 있습니다. 처음부터 잘하는 사람은 아무도 없습니다. 더욱이 가정예배는 잘하는 것이 목표가 아닙니다. '가정예배 전문가'는 존재하지 않습니다. 이는 기술이 아니기 때문입니다. 모든 예배는 거룩함이 목표입니다. 모든 신앙 모임의 목적은 하나님을 예배하는 것입니다. 가정예배도 마찬가지입니다. 그러니 방법이나 형식은 조금 서툴러도 됩니다. 실수해도 괜찮습니다. 하나님에 대한 참된 믿음과 예배하고자 하는 마음만 있으면 됩니다. 찬양할 때 확신과 기쁨으로 찬양하고, 겸손하고 솔직하고 진실하게 기도하기만 하면 됩니다. 하나님의 말씀을 당당하게 전하고 듣고 나누면 됩니다.

지속해서 가정예배를 드리게 되면 가정마다 방법이 생기고 가정마다 모임의 특징이 생겨납니다. 누가 점수를 매기는 것도 아니고 비웃을 사람도 없습니다. 오히려 사랑하는 가족이 가정을 깊이 사랑하는 여러분을, 그래서 열심히 섬기는 여러분을 사랑스러운 눈길로 바라볼 것입니다. 여러분을 자랑스러워하고 존경할 것입니다. 무엇보다 하나님께서 기뻐하실 것을 생각해보십시오. 하나님께서 이것을 원하십니다. 자라나게 하시는 하나님께서는 씨를 뿌리고 물을 주는 여러분을 기뻐하십니다. 사람의 마음을, 그 중심을 보시는 하나님께서는 가정에서도 하나님의 이름을 부르며 예배하는 모든 사람을 기뻐하십니다. 그러니 하나님만을 의지하며 은혜를 구하십시오.

주위에 가정예배를 성실하게 드리는 가정과 연합하여 예배를 드리면서 배우고 도전받는 것도 좋은 방법입니다. 동기부여를 크게 받을 수도 있을 것이고, 좋고 지혜로운 방법을 배울 수도 있습니다. 본이 되는 가정이라고 해서 특별한 점이 있는 것은 아니라는 것을 통해 위로를 받을 수도 있습니다.

가정예배 모임으로, 가정 경건회로 전혀 모여본 적이 없다가 이를 처음 시작할 때 얼마나 부담되고, 얼마나 어색한지 조금은 압니다. 하루 이틀, 한 주 두 주 모인 후 특별한 이유 없이 손 놓게 되는 경우도 많습니다. 적지 않은 가정이 여기서 더 나아가지 못합니다. 최소 일주일에 한 번씩, 서너 달 정도를 어떻게든 성실하게 꾸준히 잘 지키면 이후에는 여러 면에서 힘이 나고 수월해지고 자연스러워지는데 거기까지 가는 것이 정말 쉽지 않다는 것도 압니다.

그렇다면 더욱 하나님께 나아가 기도하고 도움을 구합시다. 우리 믿음과 관련된 모든 일이 그렇듯이 가정예배도 하나님께서 주시는 마음과 힘으로 시작해야 합니다. 하나님께서 인도하셔야 합니다. 하나님께서 이루어가셔야 합니다. 우리는 믿음으로 참여하는 것입니다. 따라서 하나님께 마음을 달라고, 힘을 달라고, 시간과 환경을 달라고 기도합시다. 가족 구성원들의 마음과 생각을 인도해 주시고, 지켜 주시기를 기도합시다.

이렇게 하는 게 맞는 것일까? 아이들이 지금 이 시간을 귀하게 여길까? 마음이 크게 고양되는 일이 없는데 이것을 예배라고 할 수 있을까? 많은 질문이 우리에게 부담을 줍니다. 우리에게 가정예배를 어렵게 느끼도록 합니다. 그래도 한 걸음씩, 천천히라도 조금씩 인내하고 소망하며 나아갑시다. 어느 날 어린 우리 자녀들이 신앙고백을 따라 할 때,

기도 내용이 바뀔 때, 우리가 열심히 들려줬던 성경 이야기와 교리를 기억하고 말할 때, 즐겁게 때로는 진지하게 찬양할 때 우리를 크게 위로하시며 기쁨을 부어주실 것입니다.

기계적으로
습관적으로 하는 것 같습니다

가정예배를 드린다고 해서 가족 구성원이 모두 자동으로 영적성장을 경험하지는 않습니다. 특히 아이들이 그렇습니다. 아이들은 잘 따를 수도 있고 그렇지 않을 수도 있습니다. 가정예배를 드린다고 해서 꼭 더 거룩하거나 더 영적이거나 더 착하거나 더 순종적이거나 더 예배를 사랑한다거나 더 분명한 목표를 품고 산다거나 하지 않습니다.

그것은 한 사람의 영혼의 변화, 즉 회심과 성화 등이 수단 자체에 달려 있지 않기 때문입니다. 우리의 열정이나 진정성에 달려 있지 않기 때문입니다. 회심과 성화는 오로지 우리의 주와 구주이신 삼위일체 하나님께 달린 일입니다. 따라서 우리는 기대를 하고 가정예배를 드려야 하지만 변하지 않는다고 너무 실망할 필요는 없습니다. 우리가 할 수 있는 일이 아니기 때문입니다.

우리가 할 수 없는 일이라면 아무것도 하지 말아야 할까요? 소망 없이 기계적으로 습관적으로 해야 할까요? 분명한 것은 하나님께서 이것을 명하셨다는 것입니다. 그리고 하나님께서 이것을 기뻐하신다는 것입니다. 그리고 하나님께서 기뻐하시는 이 가정예배를 통해 하나님께서는 일하시기를 기뻐하신다는 것입니다. 그러니 당장 믿지 않는 가족에게, 믿음이 연약한 가족에게 너무 많은 것을 바라서는 안 됩니다. 또 어느 정도의 시간도 필요하다는 것을 기억합시다.

어린아이들이 잘 모를 텐데 의미가 있을까요?

어떤 사람들은 어린아이들이 성경과 교리들을 이해할 수 있을까에 대해 의심합니다. 그러면서 정작 많은 돈과 시간과 관심을 쏟으며 자신들의 자녀들이 영어를 비롯한 조기교육을 받게 합니다. 모든 부모는 아기가 뱃 속에 있을 때부터 태교를 합니다. 아기가 태어나면 말과 행동으로 아기에게 부모의 마음을 표현합니다. 우는 것밖에 못 하는 갓난아기에게 부모와 세상에 대해 끊임없이 말합니다. 아기는 그렇게 배워갑니다. 그렇다면 신앙의 영역에서는 더욱 그렇게 해야 합니다. 아이들이 지금은 무슨 말인지 모르겠고 단지 앵무새처럼 따라 하는 것으로 보일 수 있지만, 아이들은 지금도 열심히 배우고 있으며 그것이 아이들의 생각과 말과 행동을 형성해갑니다.

가정예배를 드리는 것이 위선으로 느껴집니다

가정예배를 드리는 것이 위선으로 느껴진다고 말하는 분들이 있습니다. 사실 저를 포함해 모든 사람이 정도의 차이만 있을 뿐 자주 느끼는 생각과 감정일 것입니다. 부부 싸움을 하거나 아이들을 크게 혼낸 뒤에 모이는 것은 대단히 곤혹스럽습니다. 우리는 사실 그렇게까지 가정예배를 중요하게 생각하지 않지만 아이들을 위해서 의무감으로 모이고 있을 수도 있습니다.

하지만 어떤 이유에서건 이 의무를 저버릴 수는 없습니다. 그리고 오히려 이런저런 우리의 연약함 때문에, 우리의 죄 때문에 우리는 더욱 하나님께 나아가야 합니다. 가족에게 우리 자신의 위선에 대해, 또는 그런 생각과 감정에 대해 솔직하게 이야기하고 도움을 구합시다. 함께 기도합시다. 그러기 위해서도 가정예배가 존재합니다. 부부가 싸웠거나 아이들에게 크게 화를 낸 경우도 마찬가지입니다. 솔직하게 나누고 도움을 구하며 함께 기도하기만 해도 하나님께서는 기뻐하시고, 그 가정에 복을 주십니다.

꼭 가정예배 형식으로 해야 하나요?

누차 말씀드리지만 각 가정의 상황에 맞게 하면 됩니다. 간단히 말씀만 읽고 기도해도 충분합니다. 찬양만 하고 기도해도 좋습니다.

모이는 것 자체가 쉽지 않은데 가족들과 나눌 말씀을 따로 준비한다거나, 다른 자료나 프로그램을 시간을 내어 준비하는 것은 굉장히 부담되고 어려운 일입니다. 때로 너무 과한 열정은 오히려 모임을 지속하지 못하게 할 수 있습니다.

하지만 한편으로는 가정에서도 예배 형식을 갖춰 모이게 될 날도 소망하고 기대하면 좋겠습니다. 우리는 예배하기 위해 지음 받았고, 구속 받았습니다. 우리는 교회로 모일 때마다 예배합니다. 우리 각 개인도 하나님만 의지하고, 하나님만 사랑하고, 하나님만 예배합니다. 우리는 결혼과 출산으로 이루어주신 믿음의 가정 안에서 이를 더욱 크게 경험합니다. 우리 안에 믿음이 자라면, 가족 구성원들이 서로를 더욱 기뻐하면, 가정 안에서의 신앙 모임은 결국 가정예배가 될 것입니다.

어수선한 분위기에서 하게 될 때가 있습니다

모임 전에 주변을 정리하는 것이 좋습니다. 가정이라고 편하게만 생각하면 안 됩니다. 어수선한 분위기와 환경에서는 집중하기가 힘듭니다.

이를 위해 교회에서처럼 가정에서도 가정 경건생활을 시작할 때 전화기를 꺼 놓는 것이 좋습니다. 가정예배를 드리는 장소만 조명을 켜 두고 다른 곳은 꺼 두는 것도 집중을 위해 좋습니다.

어린 자녀가 있는 경우 주변에 장난감 등이 보이지 않게 하는 것이 중요합니다. 영아나 유아가 너무 보채는 경우는 시간을 넉넉히 두고 잠깐 가지고 있게 하다가 차츰 장난감을 치워 없애는 쪽으로 계속 이야기하고 지도하면 수개월 후에는 보통 찾지 않게 됩니다. 아이들에 따라 더 오랜 시간이 걸릴 수도 있을 것입니다. 중요한 것은 우리 어린 자녀들에게 가정예배 시간이 다른 시간과는 다른 시간임을 계속해서 말로, 행위로 알려주는 것입니다.

속옷을 비롯해 너무 편한 옷차림도 가정예배 시간을 다

른 시간과 구별이 되지 않게 합니다. 물론 집에서 드리는 가정예배가 교회의 공예배와 같은 무게와 분위기와 형식으로 드려야 하는 것은 아닙니다. 하지만 너무 가벼운 옷차림은 예배하는 데 필요한 만큼의 무거움을 가지지 못하게 하기 쉽습니다. 옷차림이나 주변 환경이 '이것이 가정예배구나', '곧 가정예배 시작하겠구나' 하고 구분해서 생각할 수 있게끔은 되어야 합니다.

다들 일상이 있는데 미리 정해진 시간 없이 갑자기 "자, 모이자" 하면 마음이 불편해질 수 있습니다. 하는 일(가사, 공부 등)이 중간에 갑자기 끊기게 되면 여러 면에서 부담이 되고, 불만이 생길 수도 있습니다. 8시 또는 8시 30분 이렇게 미리 시간을 정해놓거나, "우리 10분 후에 모입니다" 하고 말함으로써 지금 하는 일들을 정리할 수 있는 여유를 주는 것이 좋습니다.

또는 가장이 가정예배를 드리기 10여 분 전부터 성경본문이나 교리문답의 내용을 다시 한 번 정리하고 그에 맞춰 어떤 찬송을 부를지 생각하는 시간을 갖는다면, 가족들은 곧 예배 모임이 시작될 것을 예상하고 자연스럽게 마음과 환경을 준비할 수 있게 됩니다.

어린 자녀들이 너무 힘들어합니다
오히려 예배드리는 것을 싫어하게 될까 걱정입니다

그 자체로 사랑스러운 어린 자녀들이 신앙의 문제로 부모의 마음을 아프게 하는 것은 참 안타까운 일입니다. 자녀들이 철이 없어서, 장난이 심해서, 주의가 산만하고 집중을 잘하지 못해서 예배하는 것을 힘들어할 때 부모의 마음은 그 어느 때보다 속상합니다. 아이들에게 성경 이야기는 영어나 중국어 듣기와 같이 전혀 알아들을 수 없는 말을 그냥 틀어놓는 것과 같지는 않을까 하는 답답함마저 들기도 합니다.

"힘들어요", "난 예배하고 싶지 않은데", "예배드리지 말고 놀아요" 저도 자주 들었던 말입니다. 아이들이 이렇게 얘기하면 힘이 쭉 빠지지요. 어렵게 마음을 먹고 시간을 냈는데 아이들은 마음이 전혀 없는 것 같을 때 허망하기까지 합니다.

어린 자녀들이고, 그래서 우리 부모의 지도와 훈육이 필요하지만 무엇보다 우리 자녀들도 인격체임을 기억해야겠습니다. 우리도 당장 마음에 없는 일을 누군가가 억지로 하게 하거나, 분위기상 어쩔 수 없이 해야 할 때 얼마나 불편한가요.

너무도 중요한 일이라는 이유로 아이들을 억지로 자리에 앉혀놓고 예배를 강요하면 아이들은 정말 큰 상처를 받을 수도 있고, 예배 자체를 싫어하게 될 수도 있습니다.

여러 방법을 같이 생각해 보았으면 합니다. 앞선 이야기들에서 잠깐 나눴지만, 아이들 수준에 맞는 찬양곡을 부르는 것도 좋은 방법입니다. 초등학교 저학년 이하의 아이들에게는 어른들이 부르는 찬송을 이해하기가 쉽지 않습니다. 일주일 또는 정기적으로 한두 곡의 찬양을 가르치고 계속 부르면서 익히게 하는 일도 필요하겠지만, 아이들 수준에 맞게 지어진 좋은 찬양곡들을 부모가 배워서 함께 부르면 아이들이 예배에 참여하는 문턱이 낮아집니다.

성경 이야기를 들려주고 퀴즈를 내어 맞히게 하는 방법도 아이들이 집중할 수 있도록 하는 괜찮은 방법입니다.

예배하는 동안 성경책과 찬송가에만 눈을 두지 않고 수시로 아이들과 눈을 맞추고, 아이들의 몸짓과 반응을 살피면 아이들의 태도가 많이 달라집니다.

제가 생각할 때 중요한 것 중 하나는 부모의 마음 나눔입니다. "아빠엄마는 너(희)랑 예배하는 게 가장 좋아. 너와 기도하고, 너를 위해 기도하는 것이 얼마나 행복한지 몰라. 네가 부르는 찬양 소리는 얼마나 예쁘고 사랑스럽고 달콤한지. 함께 찬양하는 것은 아빠엄마가 생각할 때 가장 즐겁고 멋진 일이야." 이런 이야기를 예배하는 동안만이 아니라, 예배 전과 예배 후에, 일상에서 수시로 아이들에게 해보십시오. 이런 이야기가 실제 우리의 고백이 되도록 노력하면서 말입니다. 한 달, 두 달, 시간이 흐르면서 아이들은 분명 조금씩 달라질 것입니다. 아이들도 우리에게 동일한 고백을 할 것입니다. "엄마아빠, 저도 엄마아빠랑 예배하는 게 좋아요. 아빠가 들려주는 하나님 얘기가 정말 재밌고 좋아요. 계속 듣고 싶어요. 엄마, 기도해 주세요. 엄마랑 같이 기도하고 싶어요."

아이들이 예배드리고 싶어 하지 않으면 억지로 자리에 앉히지 맙시다. 예배가 방해되지 않게 다른 장소에서 놀거나 시간을 보내도록 합시다. 대신 우리가 자녀들과 얼마나 예배하고 싶어 하는지 얘기해주고, 기도할 때는 아이들이 들을 수 있는 목소리로 아이들의 영혼을 위해 기도합시다. 잠깐 아플 수 있고 잠깐 속상할 수는 있지만, 우리가 정말로 가정예배를 하나님께 온전히 드리기 원하고 가정예배를 하나님을 예배하는 행위가 되게 하며, 아이들의 영혼을 진정으로 염려하고 그들을 위해 기도한다면 아이들은 반드시 돌아오게 돼 있습니다.

신앙에 관심 없는 사춘기 자녀들을 어떻게 해야 할까요?

가정예배 강의를 다니면서 성도님들이 가장 많이 해주신 질문입니다. 자녀가 있는 부모라면 누구나 했던, 경험하고 있는, 겪게 될 고민입니다. 바로 전에 어린 자녀들에 관해 나눈 이야기가 여기서도 꽤 공유되기 때문에 앞서 나눈 이야기들을 기억하고 한 번 더 생각해봅시다.

어린 자녀들은 아직 철이 없고 의식이 없어서 예배를 싫어할 수 있고, 단지 아이들 수준에 관심이 없어서인 경우도 많은데 사춘기 이상의 자녀들도 비슷합니다. 문제는 여기에 더해 사춘기 자녀들이 겪는 더 큰 어려움이 있는데, 그것이 바로 부모의 신앙 또는 부모와의 관계에서 생기는 어려움입니다.

신앙을 떠나서 사춘기 자녀들이 사춘기를 겪는 큰 이유 중 하나가 바로 부모의 언행불일치, 부모의 빗나간 사랑과 관심 때문이라고 합니다. 아이들을 하나의 인격체로 보기보다는 우리가 이루지 못했던 꿈을 이뤄줄 대상으로 보는 일, 우리는 하지 않으면서 자녀들에게만 하게 하는 행동, 아이들에게 말하는 것과 반대의 삶을 사는 것 때문에 자녀들이 겪는 가치관의 혼란이 크다고 합니다. 반대로 부모가 자신들의 말에 책임을 지고 살 때, 자녀들의 꿈과 재능을 존중해줄 때, 자녀들과 함께 공부하고 고민할 때 자녀들은 건강한 사춘기를 보내게 된다고 합니다.

우리 부모들은 우리 자신을 위해서도 그렇고, 우리 자녀들을 위해서도 참으로 진실하게 살아가야겠습니다. 우리가 믿는 이 믿음에 충실한 삶을 살도록, 우리 자녀들에게 부끄럽지 않게, 우리 자녀들에게 최소한 인정을 받을 정도로 합당한 삶을 살아야겠습니다. 정직하게 살라고 이야기하면서, 다른 사람들을 섬기고 사랑하라고 말하면서, 가지려고 하지 말고 나누고 베풀면서 살아야 한다고 강조하면서 부동산 투기를 한다면 자녀들은 신앙을 거짓이라고 생각하게 될 것입니다. 최소한 하나님은 부인하지 않을지 몰라도, 교회는 싫어하게 될 수 있습니다. 우리는 말씀이 명령하고 독려하는 것처럼 우리의 신앙이 자녀들에게 본이 되고 모범이 되고 귀감이 되도록 노력해야겠습니다.

우리가 부르는 찬양이 참으로 진실되다는 것을 자녀들이 알고 자녀들도 감사하고 싶을 때, 박해를 받을 때, 죄로 말미암아 비참함 가운데 빠질 때 삼위 하나님의 이름을 부를 때 얼마나 감사하고 행복할까요.

우리가 하나님의 말씀을 잘 배우고 배운 대로 충실하게 살아가려고 노력할 때, 우리 자녀들도 자기를 부인하고 죄와 싸우되 피 흘리기까지 대항하며, 악은 그 모양이라도 버리고 경건하게 사는 자가 받는 박해를 감사히 받아들이고 주와 함께 영광을 받은 자로 주와 함께 고난도 받는 자로 살아가게 될 것입니다.

그리고 지난번 이야기에서 말씀드렸지만, 정말 수시로 자녀들에게 우리의 마음을 고백하고 나눕시다.

"아빠엄마는 너(희)랑 예배하는 게 가장 좋아. 너와 기도하고, 너를 위해 기도하는 것이 얼마나 행복한지 몰라. 네가 부르는 찬양 소리는 얼마나 예쁘고 사랑스럽고 달콤한지. 함께 찬양 하는 것은 아빠엄마가 생각할 때 가장 즐겁고 멋진 일이야."

우리 자녀들이 가정예배를 통해, 아빠엄마의 진실된 신

앙을 통해, 그런 아빠엄마들의 모임인 교회의 충실한 신앙을 통해 거룩하고 경건하게 성장하기를 기대하고 소망합시다. 우리 자녀들이 먼저 성경공부하고 싶다고 말하는 모습, 자기 골방에 들어가 은밀히 기도하는 모습, 삶의 문제를 진지하게 하나님 앞에서 고민하며 엄마아빠와 함께 나누는 모습을 생각해봅시다. 하나님께서 이 신앙을 가정에서도 진지하게 생각하고, 이 거룩한 부담을 기쁘게 받는 모든 부모와 자녀에게 복 주시기를 원합니다.

신혼부부입니다
둘이서 예배하기가 무척 어색합니다

아이가 태어나서 셋이서 예배하면 덜 어색할까요? 더 자연스러울까요? 물론 그럴 수도 있습니다. 하지만 가정예배는 말 그대로 가정에서 드리는 예배입니다. 결혼해서 가정을 이뤘으면 바로 그때부터, 신혼 첫날부터 하나님을 예배하는 것이 가장 좋습니다.

처음에는 물론 어색합니다. 생각만큼 잘 안 될 수도 있습니다. 그래서 며칠 해 보다가 말게 되는 경우가 많습니다. 하지만 꾸준히 드리면 생각했던 것보다 매우 쉽다는 것을 알게 됩니다. 자녀들과 함께 드리는 것에 비교하면 정말정말 쉬운 일입니다. 나중에 자녀가 태어나고 나서 예배를 드리게 되면, 아이 없는 신혼 초기가 얼마나 귀한 시간이었는지 깨닫게 됩니다.

결혼한 부부들이 언제부터 많이 부딪히고 싸우게 될까요? 가정마다 다 다르겠지만 일반적으로 첫아이를 낳고 나서부터 본격적인 갈등에 부딪히고 어려움에 직면하게 됩니다. 아이를 낳기 전에는 둘 사이에 부딪힐 일이 많지 않습니다. 혹 있다고 해도 사소해 보이며, 잠깐만 이야기를 나눠도 해결됩니다. 하지만 첫아이를 낳고 나면 비로소 자녀 양육과 교육에 대해, 생활 방식에 대해, 서로의 권리와 의무에 대해 매우 진지하게 받아들이고 고민하기 시작합니다.

사실 가정예배는 단지 예배 행위 자체만을 의미하지 않습니다. 가정예배는 그 가정이 가장 마음을 두는 일이 무엇인지를 보여주고 그 가정이 신앙을 어떻게 생각하는지를 보여줍니다.

만약 가정예배를 드리는 것과 같이 신앙이 그 가정에서 가장 중요한 가치를 지니고 있지 않으면 어떻게 될까요? 하나님이 예배받지 않으시는 가정, 신앙이 진지하게 고민되지 않는 가정, 말씀이 날마다 낭독되지 않고 묵상되지 않는 가정, 찬송이 들리지 않는 가정, 기도가 없는 가정을 믿음의 가정이라고 말할 수 없을 것입니다.

그래서 결혼을 준비하는 모든 분께 권합니다. 가정예배를 꿈꾸며 결혼을 준비하십시오. 결혼 전부터 하나님의 말씀을 묵상하는 일, 어떤 상황에서도 기도하고 찬양하는 일에 힘쓰십시오. 하나님을 전적으로 의지하십시오. 그렇게 경건한 자로 살아갈 수 있도록 하나님의 인도를 구하고 하나님의 도우심을 바라십시오. 혼자서 하나님을 찾지 않는 사람은 둘이 되었을 때, 셋이 되었을 때도 하나님을 찾지 않습니다.

결혼하신 분들, 그런데 가정예배를 드리지 않는 분들, 지금 당장 시작하십시오. 언제 시작할 겁니까? 언제 준비가 충분히 될 거라고 생각하십니까? 언제쯤 짐이나 부담이 안 될 거라고 생각하십니까? 반드시 기쁘고 간절히 원하는 마음이 들 때만 예배를 드려야 한다면 우리는 생각보다 자주 예배하지 못하게 될 겁니다.

하나님께서는 우리에게 신실하십니다. 우리도 하나님께 신실해야겠습니다. 우리의 예배가, 하나님께 의지하는 우리의 마음과 태도가, 하나님의 말씀 묵상과 순종이, 하나님께 대한 감사와 찬양이 늘 신실해야겠습니다.

주위에 가정예배를 드리는 가정이 많지 않습니다 외롭습니다

혼자서, 한 가정이 홀로 신앙생활 한다는 것은 무척 어려운 일입니다. 아니 거의 불가능한 일입니다. 감사하게도 하나님께서는 우리를 교회로 부르셨습니다. 우리는 혼자가 아니며, 교회는 우리보다 더 큽니다. 하나님께서 직분자들을 통하여 인도하시는 교회는, 하나님께서 여러 믿음의 가정을 통해 격려와 위로와 도전을 받게 하시는 교회는 우리가 가정에서 예배하고 신앙을 지켜나가는 데 큰 힘이 됩니다.

제가 신앙생활 하는 교회는 당회가 각 가정의 신앙생활에 관심이 많습니다. 정기적으로 심방하고 수시로 상담하며, 무엇보다 가정예배를 드릴 수 있도록 적극 권면하고 가르칩니다. 가정 경건의 중요한 척도로 가정예배를 강조합니다. 그런 분위기가 자연스럽게 성도들 사이에서 가정예배를 거룩한 의무로 받아들이게 합니다. 가정예배에 관한 고민을 자연스럽게 나누고 서로 배우며, 좋은 생각을 나누고 그렇게 함으로써 마음을 다시 다잡기도 합니다.

신자의 신앙을 목양하고 지도하는 교회가 신자의 가정 경건과 가정예배에 크게 관심을 두고 격려하는 것이 무척 중요합니다. 가정 자체는 결코 홀로 설 수 없습니다. 교회의 목양 없이, 교회의 치리 없이 믿음의 가정은 존재할 수 없습니다.

가정예배, 가정 경건에 깊은 관심을 갖고 격려하며 지도 하는 교회에 계시는 분들은 감사히 여기고 더 힘 있게 그 길을 걸어가시길 바랍니다. 그렇지 못한 교회에 계시는 분들은 교회에 요청도 하시고, 또 마음 맞는 지체들과 가정들과 함께 소망하고 기도하며 걸어가시길 바랍니다. 비록 외롭고 고된 길이지만, 하나님께서 그 길을 그 걸음을 기뻐하십니다.

Q. 믿지 않는 가족 구성원이 있을 때 어떤 지혜로운 방법으로 가정 예배를 드릴 수 있을까요? 서로 나누고 배웁시다.

Q. 성격 때문에, 성경 배경 지식 때문에, 또 여러 이유로 가정예배를 인도하는데 겪은 어려움을 나눠봅시다. 지은이의 말을 다시 읽어보고, 서로 격려합시다.

Q. 예배하기 싫어하는 어린 자녀들과 사춘기 자녀들을 어떻게 예배의 자리로 나아가게 할 수 있을까요? 서로의 이야기를 통해 함께 배우고 위로받읍시다.

Q. 가정예배를 드리고 싶지만 여러 어려움을 겪는 가정들에게 교회가 어떻게 지도하고, 어떤 도움을 줄 수 있을까요?

"잘하였도다 착하고 충성된 종아"(마 25:21)

날마다든 일주일에 한두 번이든 꾸준히 가정에서 예배한
다는 것은 쉬운 일이 아닙니다. 하지만 그렇다고 불가능하
거나 다른 일들을 모두 다 포기해야 한다거나 하는 일도 아
닙니다. 오히려 가정예배가 주는 유익들로 말미암아 우리
는 다른 일들도 더욱 질서 있고 더욱 힘 있게 할 수 있습니
다. 또 시간이 지나면 가정예배가 해야 하는 부담과 짐 만이
아니라 하고 싶은 기쁨과 즐거움이 되어 갑니다. 물론 항상
기쁨과 즐거움으로 가정예배를 할 수는 없을 것입니다. 그
러나 가정예배를 통해 온 가족이 진리와 믿음 안에서 하나
가 되어 가고 한 하나님을 연합하여 예배하며, 가정예배가
주는 여러 유익을 점점 더 많이 누리게 되면 의무와 부담이

주는 무게는 점점 더 가벼워지고, 감사와 노래가 우리의 마음을 더 많이 채우게 될 것입니다.

가정예배를 처음 시작하시는 분들, 또는 여러 이유로 시간이나 환경이 정말 어려운 분들은 할 수 있는 것부터 시작하면 됩니다. 서로 잘 맞추면 일주일에 한 번은 모일 수 있는 시간을 만들 수 있습니다. 그리고 10-15분 정도의 시간을 내는 것도 그렇게 어려운 일이 아닙니다. 사도신경이나 대표기도로 시작하고 찬송을 부르고 말씀을 함께 읽고 같이 기도한 후 주기도문으로 마치는 것(더 간단하게도 할 수 있습니다)은 시간적인 부담도 모임 준비에 대한 부담도 거의 없습니다. 습관적이고 형식적으로 매일 모이는 것보다 일주일에 하루만이라도 시간을 정하고 꾸준히 지켜나가면서 마음을 다해 예배하는 것이 훨씬 좋습니다. 저녁 시간에는 시간이 없고 오히려 아침 출근 전에 5분 정도라도 시간을 낼 수 있다면 다 함께 성경을 짧게 읽고 같이 기도하는 것만으로도 충분합니다. 5분이라는 시간은 결코 짧은 시간이 아닙니다.

회사 일로 가장이 평일에는 늦게 퇴근하는 환경에서 다른 구성원들은 저녁 시간에 충분히 모일 수 있는 경우 평일에는 어머니가 모임을 인도하고, 주말에는 아버지가 모임을 인도하는 것도 아주 좋습니다. 평일에 시간을 내는 것이 무척 어렵다면 토요일이나 주일만이라도 가족 전체가 모여 가정예배를 드립시다. 그것으로 충분합니다. 하나님께서도, 다른 누구도 우리를 정죄하지 않는다고 확신합니다. 평일에는 가정예배 형식으로 모일 수는 없지만, 가족 구성원들끼리 서로 기회가 날 때마다 주일 설교를 생각하며 함께 나누고 교리문답을 함께 암송한다거나 매일 같은 성경본문을 한두 장씩 읽고 문자메시지 등으로라도 짤막하게 나누도록 합시다. 아침에 일어나서 온 가족을 위해 반드시 기도합시다. 잠자리에 들기 전 사랑하는 배우자와 자녀를 위해 손을 잡고 짧게나마 기도합시다.

중요한 것은 시간을 정하고 꾸준히 지키는 것입니다. 사모하는 마음으로 매일 예배하는 것이 가장 좋겠지만, 상황이 그렇지 못한 경우에는 각 가정의 형편에 맞게 하면 됩니다. 매일 모이느냐, 일주일에 서너 번 모이느냐 또는 한 번 모이느냐보다 더 중요한 것은 모여서 무엇을 하느냐입니다. 왜 모여야 하는지 왜 모이고 있는지 아는 것입니다. 다 같이 노력하는 것입니다. 그렇게 모일 수 있도록 사모하고 기도하는 것입니다. 하나님의 말씀이 가정을 다스리도록 하는 것입니다. 하나님께서는 기뻐하실 것입니다. 오직 나와 내 집은 여호와만 섬기겠다고 신앙고백 하면서 가정 경건을 위해 힘쓰는 모든 사람에게 복 주실 것입니다. 몇 분을 예배하느냐, 일주일에 며칠이나 예배하느냐가 아니라 영과 진리로 예배하는 마음의 태도를 보시며 그런 가정을 기뻐하실 것입니다. 가족을 사랑하고 섬기는 마음을 보시고, 신자의 믿음의 행위를 보시고 즐거워하실 것입니다. 마음은 원이로되 육신이 연약한 자에게는 은혜를 베풀어주실 것입니다. 구하는 자에게는 응답해주실 것입니다. 하나님께서는 예배받으시기를 기뻐하시고, 신자의 행복은 예배에 있기 때문입니다. 하나님을 높이고, 하나님의 말씀이 바르고 마땅히 선포되는 모든 곳에 하나님의 영광이 드러나고 거기에 우리의 행복이 있기 때문입니다.

사람은 자신이 가장 좋아하고 즐거워하는 일에 돈과 시간을 씁니다. 아주 자연스럽게 말입니다. 그리스도인에게 가장 중요하고 기쁘고 감사하며 즐거운 시간은 무엇일까요? 예배입니다. 예배여야 합니다.

조급한 마음을 버리도록 합시다. 우리는 빠른 결과를

원하는 시대에 살고 있습니다. 세상이 우리에게 원하고, 우리도 원합니다. 그러나 영혼의 일은 우리 눈에 잘 보이지 않을 때가 많습니다. 어떻게 진행되는지, 어떻게 열매 맺히는지 말입니다. 배우자가, 부모님이, 자녀가 당장 가시적인 결과를 보여주지 않는다고 해서 실망하지 맙시다. 우리가 어떻게 신앙을 갖게 되었고 열심을 내게 되었는지를 생각하고, 우리가 사랑하는 사람들을 위해서도 오래 기다려주도록 합시다. 무엇보다 신묘막측(神妙莫測)하신 하나님께서 일하시는 방법은 우리의 생각을 뛰어넘으며, 하나님께서 우리가 상상할 수 없는 다양하고도 놀라운 방법으로 이루시는 일들을 기다리고 보면서 하나님을 예배해야겠습니다.

영혼에 관한 일은 농사 또는 마라톤과 같아서 단시간에 결과가 보이지 않습니다. 추수 때까지 기다려야 합니다. 코스를 끝까지 달려야 합니다. 그러니 조급해하지 맙시다. 이 마라톤에는 등수를 재는 일도 없고, 얼마나 빨리 달렸는지를 재는 기록도 없습니다. 힘들면 중간에 천천히 걸어도 되고, 잠시 멈춰 쉬어도 됩니다. 다만 우리의 눈과 마음은 저 결승선을 바라보고 있어야 합니다. 그래서 마침내 결승선

을 통과할 때, 영광의 주께서 우리에게 하시는 말씀을 들을
수 있을 것입니다.

"잘하였도다 착하고 충성된 종아"

참고문헌

한재술, 『가정예배』, 그 책의 사람들, 2013